獻給

瑞士納沙泰爾大學神學系

感謝他們頒授榮譽博士學位予我

宣講中的聖經

生命更新的信仰記號

戴歌德 著
許子韻 譯

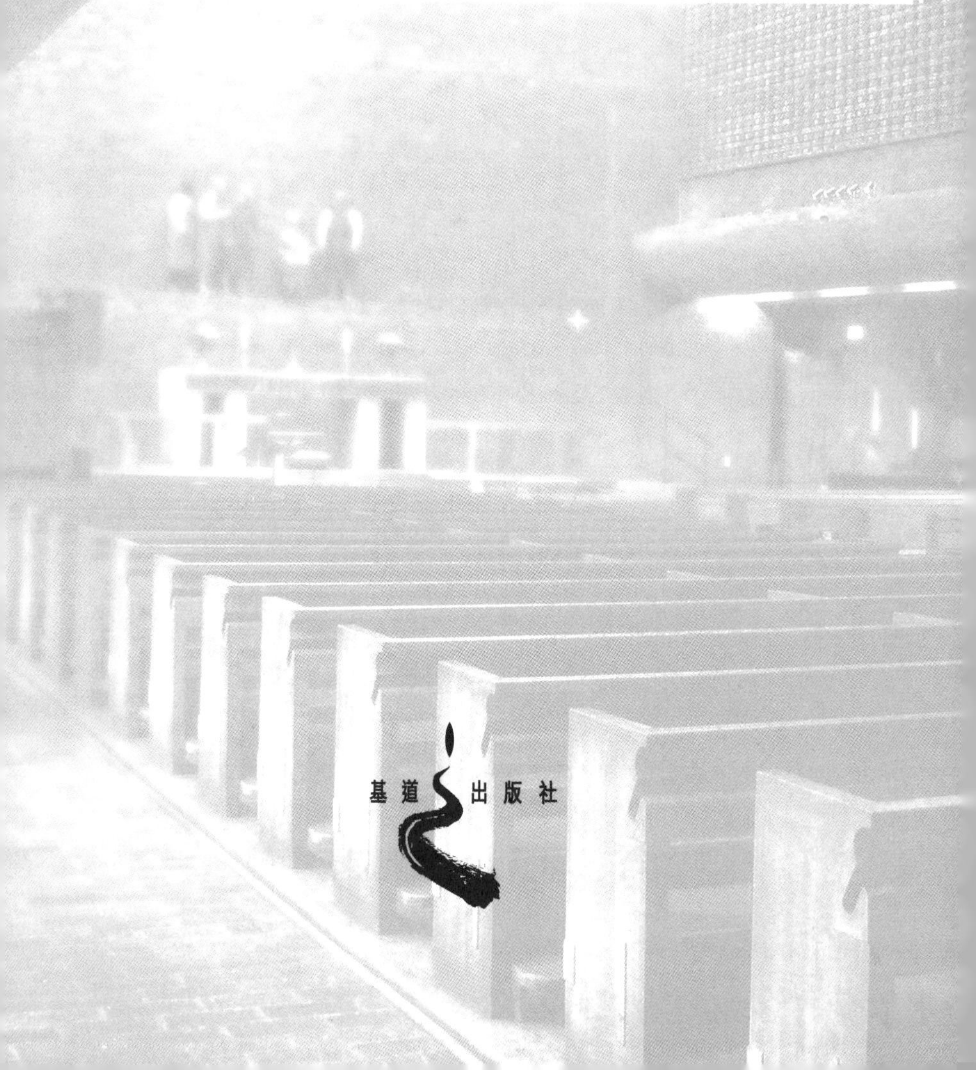

基道出版社

▼

教會事工系列 · 宣講職事

宣講中的聖經

生命更新的信仰記號

The Sign Language of Faith
Opportunities for Preaching Today

作者
戴歌德 Gerd Theissen

譯者
許子韻

責任編輯
林諾欣、吳國雄

裝幀設計
奇文雲海 · 設計顧問

■

出版／發行
基道出版社
香港沙田火炭坳背灣街26號富騰工業中心1011室
LOGOS PUBLISHERS
Unit 1011, Fo Tan Ind. Centre, 26 Au Pui Wan St., Shatin, Hong Kong
電話：(852) 2687-0331 傳真：(852) 2687-0281
網址：http://www.logos.com.hk

承印
海洋印務有限公司

●

12/2009 初版
Cat. No. LP370
ISBN: 978-962-457-384-8

Original Edition "The Sign Language of Faith"
Published by SCM Press Ltd.

Printed in Hong Kong

刷次	10	9	8	7	6	5	4	3	2	1
年份	2018	2017	2016	2015	2014	2013	2012	2011	2010	2009

中文版序

宣講是其中一項最令人興奮的說話形式。聽道的人願意向講道者開放心靈，其開放程度比日常溝通更甚。他們相信講道者所講的信息將是關乎生命的基礎的。他們所聽到的文本，來自另一個非常古老和遙遠的文化，那不是由專業作者所著，而且寫作的對象是當時的一般大眾。但這些文本比很多同期最著名的哲學家和詩人的著作，更活躍於我們的時代。最重要的是，不受時空限制的上帝，很可能借助經文和由經文構成的講道向人說話。各地的人都聆聽著由經文和由經文啟發的講道所傳遞的聲音。一部關於宣講的著作——專門術語稱之為講道學（homiletics）——嘗試找出講道者如何能作出這種講道，也希望使他或她熱愛宣講這項令人興奮的工作，並明白人類努力的一切限制。

本著作差不多在十五年前首次出版。本書作者是一位聖經的釋經者。他教授準講道者新約的釋經和神學。為何我會寫一部關於詮釋學的著作呢？我發現很多講道者因為愛會眾而委身於信仰，可是他們不是真心喜歡以經文作為講道的基礎，而其中一個原因，是學術釋經（academic exegesis）。年輕的講道者發現，一篇純屬專業釋經的講道是沒有果效的。我希望説明，以聖經作為講道的向度，並不意味講道者在講壇上，是一個小小的學術教授。經文是有創見潛力的，而講道者應要從這種潛力獲得啟發。我嘗試在本著作中證明聖經的創見潛力。

我很高興這部探討宣講的著作以中文出版。我感謝所有為本著作而努力的人、譯者，以及籌備出版的人員。

戴歌德

二〇〇九年六月於海德堡（Heidelberg）

曾序

戴歌德是當今其中一位最重要的德國新教新約聖經學者。他以社會學和心理學鑑別學詮釋新約聖經的研究不但具影響力，更是為人所知。那麼他為何撰寫宣講方面的著作呢？我最初的反應是，「正是時候了。」因為他和我一樣，對某些教會圈忽略聖經宣講的缺失非常關切。這是一重要的觀察，因為聖經學者握有評估這現代問題的鑰匙。有誰比一位具有精深的學術訓練，並且常在教會中詮釋聖經的聖經學者，更有資格來撰寫宣講方面的著作呢？畢竟，本書清楚陳述，聖經文本是宣講的界限。作者在書中，為任何一種聖經鑑別學和宣講工作本身，建立重要（有時呈現張力）的關係。尤有甚者，他將兩者限制在各自的情境中。對那些在神學院已經接受裝備，但不知如何將所學應用在講道上的講道者而言，本書提供極有助益的方法。本書以使用不同宣講方法的講道樣本為結束，也連貫了作者提綱的釋經程序。

本書的題目清楚展現它的焦點：聖經文本、講道者、宣講和講道的象徵力量。作者將宣講稱為「信仰的記號」（the sign language of faith），乃因宣講在許多基督教記號中的象徵意義。這些記號包含洗禮和主餐。在宣講的工作中，新教接受自身的信仰本質。在宣講的工作中，基督教學者也建立他的信仰身分。存在於文本世界之內和背後的記號，也指向起初的基督教信仰。然後受眾實現所有的信仰記號，以容讓信仰影響他們的生命。所有的信仰記號融合起來，而成為在當代與現存教會中宣講的基督教信息。對我們這些同時教授宣講、聖經研究或神學的教育工作者而言，本書挑戰我們在不只專注於其中之一的情況下，取得學術和修辭展現之間的平衡。本書也為講道學教育的未來，設下一種學術卓越的趨勢。我慶幸基道出版社洞見本書的翻譯價值。我誠摯推薦這本對講道學大有貢獻的佳作。

曾思瀚
香港浸信會神學院新約副教授
《講道實用手冊》作者
二〇〇九年八月一日

原書序

這是一部簡短的講道學著作，作者並不是這個範圍的專家。事情始於一個邀請：我被邀在瑞士法語區（Suisse Romande）神學系的進修課程裏講授釋經與講道學的關係。原本計劃好的一節演講，卻變成了一九九三年三月一日及二日在弗里堡（Fribourg）舉行的四節演講。在這些演講裏，我嘗試說明我在講道時所作的、我的意圖和我無法控制的事。換言之，我嘗試注意我講道時所隱含的講道學。在我預備演講時惟一用上的講道學著作，是一部由溫策（F. Wintzer）編輯的優秀文選《講道》（*Predigt*, 1989），以及使我有很大裨益的、由奧托（G. Otto）及羅斯勒（D. Rössler）編輯的實踐神學手冊裏那相關的部分。弗里堡的討論使我獲益良多。為此我衷心感謝所有參與者、博士生及「實踐神學研究院」的教牧，特別是我的同事弗里堡的杜茲（M. Douze）、納沙泰爾的杜比德（P. L. Dubied, Neuchâtel）、日內瓦的莫蒂（H. Mottu, Geneva）及洛桑的雷蒙德（B. Reymond, Lausanne）。他們的意見和進一步的反省，幫助我把自己的宣講經驗置於更廣闊的經驗和反省思潮裏。經修訂的演講以法文發表，由 Labor et Fides 出版。[1]

德文版本是這些演講的修訂版，這個版本加入了新的第二章，是談及與講道學有關的基本釋經問題。其他章節也作出了修訂並加上註釋，主要涉及講道學的專題文獻。我從閱讀博倫（R. Bohren）、戴貝爾（K. F. Daiber）、丹諾斯基（H. W. Dannowski）、登尼克（A. Denecke）、恩格曼（W. Engemann）、富克斯（O. Fuchs）、格羅齊格（A. Grözinger）、約祖蒂斯（M. Josuttis）、梅耶·楚·烏普特魯普（K. Meyer zu Uptrup）、蘭格（E. Lange）、奧托和羅斯勒——僅舉幾個作者者為例——所學到的，往往沒有在註釋中充分表達出來。這些註釋沒有指出每當我閱讀、瀏覽或翻翻書頁時所有我認為恍然大悟的地方。而我也沒有打算要著述一部講道學著作，即著述一部有系統地探討所有問題或描述宣講學問所有當前的反省的著作。

我最感興趣的，是要指出宣講的機會往往遠多於它今天所得到的。當我發現教牧不怎麼重視講道時，就感到沮喪。我尊重導致他們放棄的經驗，但我不能接受這些結論，尤其因為我有不同的經驗。當我著述時，我念念不忘很多我所訓練的神學人。我很想推動他們宣講——最重要是為了會眾。會眾能感覺到講道者是否有動力、講道者究竟是帶著愛還是內心帶著勉強來預備講章。我也關心講道者本身。新教神學家預備講道的時間和地點，就是他們「靈性」的中心。這是一個機會，讓他們發展自己的神學和建立自己的基督徒身分。假如神學家常常在講道前經歷憤怒、不安、挫敗或沮喪的階段的話，那麼同樣真實的是，他們也能在這裏找到一切行為的動力之源。儘管經驗到與聖經及宗教傳統的異化（alienation），但源自聖經的亮光仍不時湧進我們的生命當中；而這經驗可以變成一神學性存在（theological existence）的內在支援。

但有一個缺陷必須予以重視。我通常在大學的崇拜裏宣講。我可以安排工作，以致我有安靜時間預備這些講道。我宣講經驗的場景與普通會眾的場景不同。因此所引起的問題是，在這裏所發展的宣講概念，是否能轉移和實現在另一個處境裏。我也承認講道學的學術著作也有相同的問題，因為它們通常出自學術環境，與一般地方性的教會所發生的事相距甚遠。我希望在這個問題上提出三點。

首先，我把本書的首個版本送交我所知道在「正常情況」下宣講的年輕教牧。我特別感激傑姆敦（P. von Gemünden）、費爾特凱勒爾（A. Feldtkeller）、奧爾特魏（G. Ortwein）和施維爾（H. Schwier）那批判性的回應。當然，當我得知我的一些建議在講道裏被真實地試驗、並被證明是可行時，我感到特別高興。

第二，本書附加了五篇講道，只有一篇是在大學崇拜內宣講的。其餘四篇出自傑姆敦，都是為慕尼黑（Munich）和科堡（Coburg）的教會而寫——在「正常」情況下寫的。它們不是為出版而出現，卻是在我寫本書時想到的那種講道。我感激傑姆敦讓我在本書中翻印那些講道。

最後，我把實證研究的結果帶進宣講裏。我不打算總結這些結果，但用它們來檢查我的經驗是重要的。

本書的書名也許對一部講道學的著作來說並不尋常。我注意到「信仰的記號語言」（sign language of faith）所涉及的多於宣講。它還包括禮儀和聖禮、教會建築和教會音樂、書籍和圖畫。但在新教傳統裏，講道是基督教信仰那象徵語言的中心。本書提出一個觀點，就是聖經是記號的基礎，而即使在現今，這信仰的記號也讓人有機會進入與終極實在（ultimate reality）的對話。宣講有一項任務，就是賦予這套記號新生命，好讓這個機會成真。在所有宣講可帶給我們的機會（opportunities）之中，這個機會是具決定性的。自從宣講開始以來，這從沒有改變。

本書的由來與瑞士法語區有密切的關係，因此我把本書獻給在一九八九年頒授榮譽博士學位予我的瑞士納沙泰爾大學（University of Neuchâtel）神學系。

最後，我要感謝所有協助預備本書的人：Christian Kaiser / Gütersloher Verlagshaus 出版社的韋伯（M. Weber），他一開始就支持這個項目；梅爾茲（A. Merz），她嚴謹地細讀原稿；沃爾夫（H. Wolf）和施密特托梅（W. Schmidt-Thomée）預備原稿的不同草稿；以及在所有嚴謹地回應我講道的人當中，一位非常嚴謹的頭號聽眾——我的妻子。

戴歌德

一九九四年復活節於海德堡

註釋：

1. G. Theissen et al., *Le défi homilétique. Exégèse au service de la prédication*, Geneva 1994.

目錄

導論：
宣講的向度

任何宣講都是為「現今」而對聖經傳統作解釋。釋經與講道學在這裏共同合作。釋經，詳細說明經文起初之時有過的意義；講道學，則嘗試透過宣講，把這種過去的意義轉化為現今的經驗與行為的動力。釋經與宣講在這裏的任務似乎是對立的：釋經嚴格地以「歷史鑑別的」（historical-critical）方法得出結果，不管這些結果是有益的還是有害的、對現在有用還是沒有用。但宣講旨在對當代的男女說話，並為他們的生活提供指導。宣講對任何只在過去重要的東西不感興趣。假如任何人認為釋經與宣講的關係只限於此，他就會認為過去與現在、釋經與應用、歷史的意義與現在的重要性，都是對立的。

然而，釋經與宣講之間是有連貫性的。釋經說明每個文本本身，都是一傳統的進程（process of tradition）的結果。傳統的因素在每個文本——來源、先存概念、意象與文字——裏起作用。作者把它們重組，使之向那個時代的受眾說話。在這個層面上，所有講道都是延續文本已開始的東西：在所有講道裏，來自過去的文本在現今得到重新實現（re-actualized）。現在，假如釋經對聖經傳統的歷史進程有全新的理解，這便會影響到我們對宣講的理解。因為文本在聖經裏獲得實現的方式，成為聖經在現今得以實現的方式的模型（model）。聖經作者與其傳統的關係，是現今講道者與聖經文本的關係的模型。

事實上，在過去二十五年裏，出現了一種對聖經傳統進程的新理解。[1] 傳統被描述成為一個衍生過程（generative process）。在傳統進程裏，文本的重複實際上是一個重新創造（re-creation），這一點對口述傳統來說尤其真實。傳承者（tradents）內化了文本內的文體、敍事和意象（images）的最重要結構，以致他們有能力以已有的結構為基礎，重新「創造」這些文本。

簡單來說，對傳統進程的新舊理解可以有以下的對比。根據公認的理解，作者採用過去的傳統。他們就著自己的處境，透過省略、附加、改變——簡言之即透過編修——來修改這些傳統。從這些變更，我們可以推敲作者的「意圖」（intention）。受眾如果領會這個意圖——包括對作者的「介紹」——就能了解作者，因為「意圖」通常都是一內在的實在（inner reality）。因此我們發現有三個依次出現的階段：

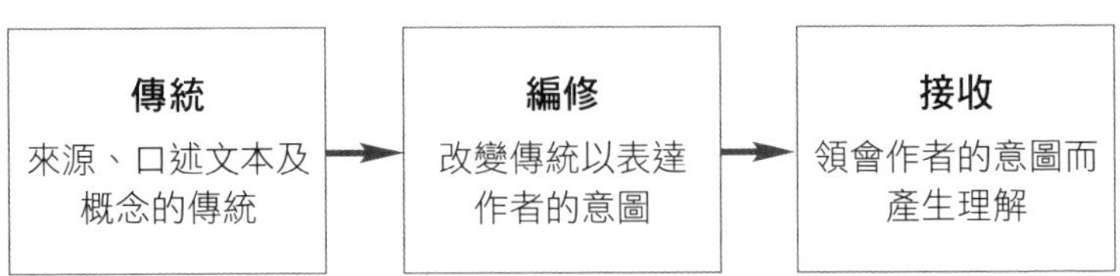

相反，傳統進程的新概念強調：傳統、編修和接收都是由傳承者、編修者和接收者所居住的共同文本世界（common text-world）所產生的。[2] 他們的世界是記錄在文本世界的結構內的。

這種「語言」(langue;包含不同的文法規則和元素),在傳統、編修和接收裏成為不同的「言語」(parole)。當傳承者和編修者的世界有共同的意義、形式和主題時,傳統進程就得以延續。同樣地,成功的理解發生在所有人說同一種「語言」(language),即一起參與一個集體記號系統(collective sign system),並能夠控制其規則和包含其元素。因此我們的圖解要改為下圖:

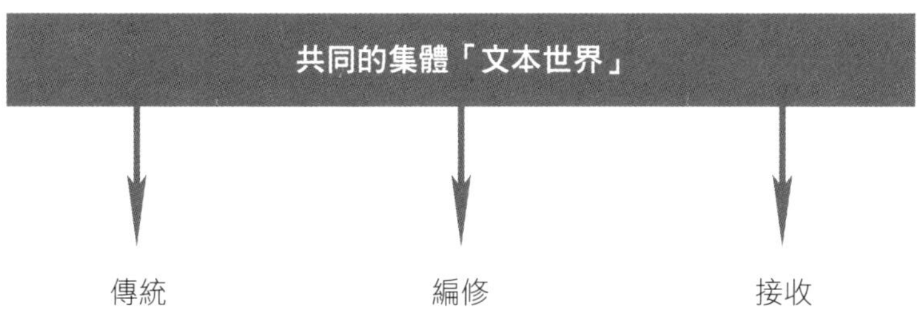

儘管傳統、編修和接收是依次出現(它們有歷時性的〔diachronic〕關係),但在它們之下的集體文本世界,與所有階段都是同時期的:這本文世界與傳統、編修和接收階段是「共時性的」(synchronous),並且「衍生」傳統進程的不同階段。[3]

這個傳統進程的新模型被文本互涉研究(intertextuality studies)發揚光大。[4] 根據這些研究,在上述模型裏所說的「傳統」,可以分為很多前文本(pre-text;原則上有無限的),它們全部都與文本的來源(編修)產生回響。它們的反響往往不清晰,因此被稱為「文本互涉的雜訊」(intertextual noise)。但即使這種「雜訊」只被視為背景,它卻在我們閱讀時臨在於文本裏。文本互涉研究使我們敏感於文本與前文本的關係,而這關係可以以非常不同的形式呈現:從明確引用——藉著典故——到只是於文本中前文本的隱含存在。文本互涉研究在某程度上把分散的

「雜訊」轉為清晰的反響。我們可以在這裏分辨出三組主要文本互涉的指涉。

1. 具意圖的和有記號的文本互涉。它出現於作者（或傳承者）故意地在文本裏提到以前的前文本，並清晰顯示這個指涉。具意圖的和有記號的文本互涉那最清晰的形式，是以明確的公式顯示那是引文。作者以這種方式為所涉及的文本作記號（指涉性），並與讀者分享這個指涉（溝通性），以及描繪引文公式裏前文本的狀況，例如提及那是「聖經」（自身反射性）。其他形式的記號也可以代替引文公式，例如為一陳述句作註釋，就強調了這陳述句是早已存在的前文本。
2. 然而，沒有明確標出對前文本（或眾前文本）的指涉，文本裏仍可能含具有意圖的文本互涉。在這個情況下，讀者和聽眾（假如他們熟悉文本世界的話）可以在文本、意象域（field of image）、字詞和主題（motifs；或譯「母題」）的相應模式裏，發現前文本的指涉（結構性是文本互涉的記號）。或特別富有意義的元素被作者從前文本中選擇出來（選擇性）。最後，處理前文本的方式（諷刺典故、義正詞嚴、異化等），能說明文本有文本互涉的指涉。文本與前文本進行對話。因此「對話性」（dialogicity）是文本互涉的另一個特點。
3. 除此以外，就所有文本都參與一個共同的文本世界而言，它們都會含非意圖的文本互涉，而且那是沒有明確記號的。假如一個文本被理解，文本世界內的其餘文本就彷彿「一同發出雜訊」。

文本互涉的現象在釋經裏並非新事。任何聖經讀者很快就會發現，新約裏有很多地方指涉「舊約」，而且這些指涉是各式各樣的：從直接引用——藉著典故——到經文運用「舊約」語言；從預言的驗證——藉著預表和寓意——到永久權威性的引用。此外，釋經發現個別著作之間有很多文本互涉的關係：共同的文體、傳統、題目、意象域和傳統、字域（word-fields）、公式等。這些文本互涉關係的多樣性對於宣講是重要的，因為宣講是由聖經的文本互涉組成的——透過指涉個別的文本（在宣講一段文本的情況下）和「文本整體系統」的部分（當宣講一個主題時）。假如聖經裏已經有文本對前文本各式各樣的指涉，那麼宣講也可以嘗試與文本建立更多樣化的關係。

假如我們再次擴充上述傳統進程的模型，顯示各式各樣文本互涉的關係，我們就得出下圖：

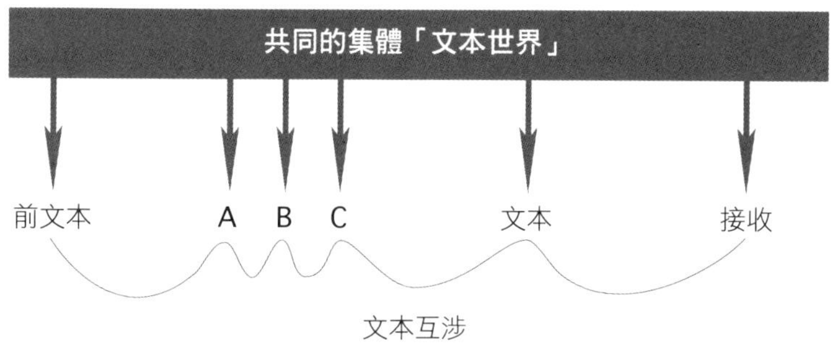

但這個模型仍然是太簡單。產生個別文本的集體「文本世界」，是否以非時間（timeless）的方式處於各個前文本和文本序列和接收以上？不是！集體文本世界也是歷史性的。在文本世界的層面有長期的變化，而在具體文本的層面則有短期的變化。經文世界與現代人所生活的意義世界是不同的。我們現在可以說，恰恰在這裏我們看到，聖經裏的傳統進程與現代世界裏的聖經傳統之間，有明確的分別。在那時所有事情都圍繞著同一個意義的世界；今天我們必須參與一個轉移的過程，並首先重構過去的經文世界，使理解成為可能。但那也可能是錯誤的：因為在聖經傳統進程裏面，新的文本世界常常與舊有的文本世界努力搏鬥。一神論（monotheism）取代舊約較早期的宗教形式。在最早期的基督教裏，基督教信息是傳給外邦人的，而外邦人並不具備理解信息所需的共同主要前設（例如一神論）。因此我們也甚至不能常常以那個時代有共同的文本世界為前設，而是往往先要把它「建構」出來。這個共同的文本世界（不管是以之為前設的還是先建構出來的），成為從傳統到編修的過渡和從編修到接收的過渡的基礎。

任何人傳遞最早期基督教的神蹟故事時，當然是重複他曾經聽過的故事。但假如他是一個好的講故事者，他會知道神蹟故事的結構模式、典型的主題和中心思想。因此在每次「重複」舊的神蹟故事時，他基於這套知識而創造一個新的故事——作輕微的改動，但對於他來説這並不是改動，因為這些改動都是建基於主題和中心思想那現存的集體思想庫存。在這裏，傳統和編修——以同一集體的庫存之可能性為基礎——每次都是新的創造。和傳統進程的慣常意象比起來，對現存傳統（existing tradition）的改動，並非只以「原作」（original）來衡量，更是由所有文本的虛擬的庫存之可能性來衡量。神蹟故事的任何具體主題，往往是從其他可能的主題中挑選出來。傳遞和編輯意即參與一個共享（shared）的文本世界。

有一個例子可以清楚説明這個概念。我將會説一個新的故事，那是以我熟悉的最早期基督教神蹟故事的主題和結構模式作為基礎的。這個新故事由十個馬可福音的故事組成：[5]

五 1 他們來到海那邊格拉森人的地方。七 24 他進了

> 一家，不願意人知道，卻隱藏不住。七 32 有人帶著一個耳聾舌結的人來見耶穌。二 4 因為人多，不得近前，就把耶穌所在的房子，拆了房頂，既拆通了，就把他縋下來。十 47 他喊著說：「大衛的子孫耶穌啊！可憐我吧！」一 41 耶穌動了慈心，八 23 就吐唾沫在他（耳裏），按手在他身上，問他說：「你（聽）見甚麼了？」七 35 他的耳朵就開了……（聽覺）也清楚了。五 34 耶穌對他說：「（兒子），你的信救了你，平平安安的回去吧！你的災病痊愈了。」五 43 耶穌切切地囑咐他們，不要叫人知道這事。五 20 那人就走了，在低加坡里傳揚耶穌為他做了何等大的事。一 27 眾人都驚訝，以致彼此對問說：「這是甚麼事？是個新道理啊！」

參與在一個共享的文本世界——這裏則是在神蹟故事的「世界」——使傳統進程成為可能。理解也是一樣。理解所處理的不單是作者個別的意圖，也處理個別作者在具體文本裏所實現、建構或改變的共享文本世界。他的「意圖」不止於文本陳述的主觀目的（其存在是毋容置疑的），而是要對建構文本世界作出貢獻，這文本世界是超越個人的——並且這種貢獻可以客觀地被評價而不用參透作者的內心世界。

讓我們概述這些首要的概念。任何個別的聖經傳統——通常作為講道的題目——都要在經文世界的背景下理解。它們的關係像「言語」與「語言」的關係，也好像言語行為（speech act）與集體言語系統（speech system）的關係。因此個別文本的傳承，同時間也是一重新實現記號系統的可能性的衍生過程。

在此要加上第二個概念。[6] 這不是關於記號系統與實際文本之間的關係，而是關於記號的載體和記號的意義之間的關係，或意符（significant）與意指（significate）之間的關係。我們看到，文本要在相同的文化記號系統背景內被理解，傳統才得以繼承。這個記號系統包含語碼（code），而藉著語碼，記號的載體被賦予內容（即肉眼可見的字母形式或耳朵聽到的音波形式）。這種連繫，對作者（信息發出者）和受眾（信息接收者）而言，均已是一解釋的行為。這個關係不是與生俱來的，而是約定俗成的。因此語言學上的意符連於意指，然後依次連於存在於語言之外的實在（reality；即指涉對象〔the referent〕）。因此以出現在集體記號系統內的語碼作為基礎，把不同的解釋連繫起來，就產生出理解。這產生出記號學的三角關係：

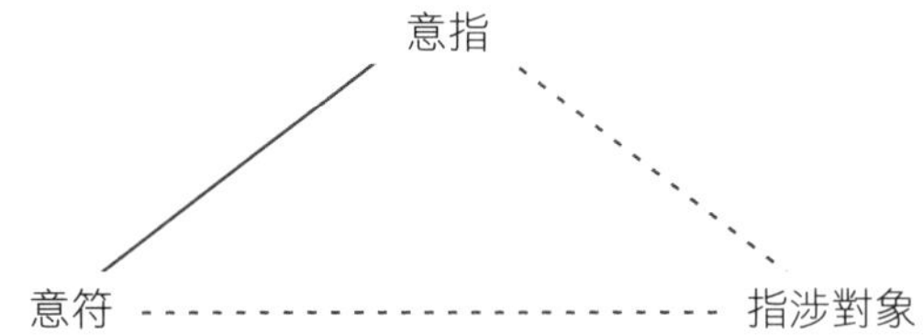

因為所有基於人類的常規或約定俗成而有的關係都不是與生俱來的，所以變異（deviations；或譯「偏離」）是可能發生的，它使意符與意指的關係受到破壞。一個字的意義可能被改變，以致偏離一般的說法。這個現象是日常語言的一部分，但在宗教和詩歌的文本裏似乎較為強烈。宗教和詩歌的文本故意破壞語義，目的是用與迄今不同的方法來理解實在，甚至要人注意「全然的他者」（Wholly Other），使之與我們日常的世界作比較。因此象徵與隱喻是宗教和詩歌文本的組成特徵，它們有能力述說新事。假如它們也變成純粹的約定俗成，換句話說，假如人們不再聽到隱喻裏的不尋常成分，例如當人們不再驚訝於救贖主被描述成夜間的「賊」闖入我們所熟悉的世界時（參帖前五 2；啟三 3；太二十四 43），隱喻於語義上的能力（semantic power）就會消失。

宗教文本於語言上的能力（linguistic power）與其語義上破壞的潛力——也就是促使意符與意指之間出現新的關係的能力，以及於此引發新的意義的能力——有密切的關係。因此宗教和詩歌文本不單單是我們日常語言的文本，而是一「開放的文本」（open text），[7] 向聽眾的解釋能力發出挑戰。這裏也假定了有先存意義（pre-existing meanings）的集體系統：即只有以約定俗成為前設之處，才會有變異。

因此，聖經內的傳統進程把文本重新實現（re-actualization），並不只是從集體記號裏喚起原有的可能性，而是對先存意義作出語義上的持續破壞。特別是成功的「言語事件」（speech events），透過破壞語義而使記號系統再生。因此耶穌的宣講恢復了猶太傳統裏兩個基本的隱喻，就是上帝的國和上帝作為父親的隱喻。一些對約定俗成的連繫所作的語義上的破壞，在這裏是引人入勝的。[8] 傳統上，以色列戰勝外邦人使人聯想到上帝的國。但對於耶穌而言，外邦人從四方八面（連同散居的猶太人？）湧進上帝的國，反之那些早已相信上帝的國的人，則被驅逐（太八 10 及下）。耶穌現在以不尋常的方式，把上帝的國的隱喻與父親的隱喻結合起來。雖然祂談及上帝的國，但祂（在被認為是祂所說的話上）從不把上帝說成君王，也就是：祂把上帝的權能形容為「像君王般的統治」（kingly rule），而不是把上帝本身形容為「君王」。相反，父親的隱喻取代了君王的隱喻：上帝以父親的方式掌權。因此首批基督徒說：「我們〔在天上〕的父……願你的國降臨！」在這個不尋常的隱喻結合體裏，今天我們難以察覺權能的概念有明顯的轉換，因為我們非常熟悉聖經的語言意象。

我以這種方式，為聖經內的傳統進程草擬一個模型（雖然並不完全）。這個模型使在聖經這部歷久常新的文本裏的記號系統，重新活躍起來，不只是使集體的記號語言重現，更是透過有條理的在語義上的破壞，引發新的洞見和態度。

我希望把聖經內這個傳統進程的模型，轉到發生在現代宣講的傳統進程中。為此，我必須更精確地定義聖經記號系統的性質。到目前為止，我只含糊地把它與語言系統比較。希伯來文與希臘文的語言系統，當然已蘊含在聖經內，但聖經內的這些語言系統，是屬於一個特殊的記號系統，也就是宗教的記號系統。但甚麼是宗教？或更確切的問題是，甚麼是一個宗教？

我想提出以下定義：宗教是歷史性的記號系統（historical sign system systems），使人類羣體有可能透過符應終極實在，而產生提升生命的意識。[9]

這個定義背後有人觀上的假設，就是人類是使用象徵的動物（symbolic animals）：他們不只活在自然世界裏，也活在經過解釋的世界（interpreted world）裏。[10] 他們不能活在一個沒有把自然世界轉換成記號文字的世界，正如他們不能生存在沒有經技術性轉換的世界——沒有衣服、住屋和工具。當記號系統嘗試接觸終極實在，並藉著與這個實在「同化」（assimilation）而提升和保存生命時，就會呈現宗教的特性。由宗教「任命」的記號包括禮儀、文本（如神話和敍事）和物件——也就是神龕、聖地和形象。

當來到聖經和聖經宗教（biblical religion）時，我們可以再一次把這個概括的宗教定義具體化：聖經宗教是一個在歷史上（大約用了一千年時間）興起的記號系統，使猶太人和基督徒有意識地與獨一上帝對話，並從而提升生命。因此我們可以用五項功能來表現聖經的特色，聖經是：

1. 記號世界的基礎；
2. 個別文本（或章節）的庫存；
3. 與上帝對話的機會；
4. 對生命提升和定向的應許；
5. 對猶太人及基督徒而言，那是一傳播的媒介。

聖經在猶太教和基督宗教的羣體有正典的地位，因為其文本可以重新反覆重構猶太教和基督宗教的整個記號系統。[11]

講道的目的是要重新實現聖經記號世界的所有功能。因此，講道有五個向度：

1. 講道實現了聖經的記號世界。講道在這一點上必須把過去與現在的距離縮短。在這個層面上，每篇講道都有**歷史詮釋向度**（historical hermeneutical dimension）。
2. 講道透過使經文的語言恢復活力，發展開放的聖經文本的潛在意義。講道與聖經中具體的經文段落的關係有**釋經詮釋向度**（exegetical hermeneutical dimension）。
3. 講道是與上帝對話的機會，也就是，講道與盼望克服上帝與人類之間的距離相關。這是宣講的**神學向度**（theological dimension；較狹義的理解）。
4. 講道應許生命的提升，也就是，一個使生命能以延續的定向——即使於其所身處的處境中講道經常和仍然違反這意圖。這個定向在人類及其本真生命的距離上，以及在人於救恩和災難之間作出選擇上，均產生作用。這是**存在向度**（existential dimension）。
5. 講道在崇拜的框架裏是公共論述（public discourse），羣體的一員在當中嘗試代表羣體所有成員闡明其共同生活的基礎。講道試圖縮短人類之間的距離。它有**傳播功能**（communicative function）。

我們現在可以嘗試概括講道的定義。講道是崇拜中的論述，而羣體中的一員代表所有成員重新實現聖經的記號語言，透過解釋經文，盼望透過進入與上帝對話來傳遞生命的提升。

我們可以把這個定義與另一個作比較：「講道是基督教的論述，在崇拜的處境下，為聽眾解釋聖經傳統，以鞏固他們對基督教的確定和促進他們對生命的定向。」[12] 這裏提到有三個講道的向度：歷史向度的責任是為現今解釋聖經傳統；存在向度兩次被強調為深化其對生命的確定和定向；傳播向度是要把講道定義為崇拜框架裏的「論述」。值得注意的是，神學向度完全隱藏於背景裏——只含蓄地提及。「上帝」只間接地在「對基督教的確定」裏被提起——就這種與上帝有關的確定性而言。毫無疑問，要是講道裏沒有到處留下與上帝有關的痕迹的話，任何講道都會失去其特徵——儘管這裏我對上帝的概念也許太過「寬鬆」（見下文）。

另外，在我描述「講道是（和應該是）甚麼」時，有三個特徵，是我要強調的。第一，講道把經文（biblical text）和聖經記號系統區分開來。經文作為宗教的表達，被視為是整套「記號語言」（sign language）的部分。不但是文本、而當中的宗教記號系統——文本深層結構裏的宗教——對我如何理解宣講和克服歷史的距離也是必須的。我想繼續説明這點。

第二個特徵是宣講的存在意義的定義：生命的確定性與定向實際也是一種「生命的提升」，而這概念是較為強大的。我們可以把確定性和定向理解為「對存在的啟迪」（illumination of existence）——並把它與生命的改變分辨開來。講道所針對的更多是：講道針對生命的改變、一新的創造。

我認為第三個特徵是強調講道者的代表性。這對於講道者與會眾之間的溝通過程是重要的。宣講是一個單向的溝通過程。然而，好的講道是一場與會眾的對話，因為講道者代表會眾去思考、表達、懷疑、提問。

但也許這些定義並非決定性的；更重要的是以下所說關於宣講的基本概念，就是聖經的記號系統是由幾個基本主題組成，它們被立敕爾（D. Ritschl）稱為「隱藏的原理」（implicit axioms）。[13]

這是甚麼意思呢？我們在很多經文裏找到一些在形式上的共同特徵，它們都會被預設為是十分確定的。其中一個例子，就是智慧（wisdom）這基本主題，也就是，確信有一至上之理智（superior intelligence）彌漫於創造之中。我們在非常不同的文體裏找到這種確信：例如在一些陳述裏，注意到於實在中有固定的關聯存在、在忠告裏提倡與世界秩序和睦相處、並在神話語調（mythical-sounding）的敍事裏講述智慧在人類中間尋求認同。基本的主題總是一樣。它反覆預設至上的智慧隱藏在周圍的實在裏，而人類的智慧則只是一個反映。因此這種智慧可以透過擬人法並位格化、以「客體化」（objectifying）的方式被論及。智慧是人類力爭和渴求的對象。她像一個「人」一樣與人相遇，並像人要尋找和發現的一道命令和一個應許。她最後被提升至位格（hypostasis）的地位，這個地位是上帝其中一個面向，並於戲耍中（playful）獨立且與上帝並肩。[14]

聖經記號世界的居民從所有這些具體陳述所推論出的，不是關於實在的教義，而是一個涉及這個實在的主題。他們根據智慧這主題為自己的經驗解碼，好讓在創造的至上智慧裏不斷找到新發現——並經歷智慧於其對立面之下隱藏著：從外表看來「愚味」的，在另一個觀點看來可能是至上的智慧。

我們將會看到，我們透過聆聽聖經敍事和用「心」默想聖經中的各種意象，可獲得大量這種基本主題。我們學習它們，因此它們是後驗的（*a posteriori*）。但一旦我們學會它們和把它們內化，它們就成為先驗的（*a priori*）思想、理解、感覺和行動。它們構成一個期望的網絡，我們以此來整理我們的經驗和導引我們的原理。

種種基本的聖經主題可以源於一後設原理：十誡的第一誡。整個聖經信仰的記號系統也是以此為中心，完全根據它而組成、統一和成形的。因為第一誡拒絕把所有神明和神祇視作能與獨一上帝並肩。第一誡本身包括宣稱在聖經信仰的記號語言裏，每一件事最終都是由第一誡來定奪的，以致這套記號語言傾向自組為一套自我組識（self-organizing）的記號系統。

聖經信仰的後設原理有兩個基本觀點：一方面，第一誡裏的上帝是一位拯救的上帝，祂領以色列脱離埃及的奴役，而另一方面，祂是一位有要求的上帝，祂禁止人敬拜任何其他神明。上帝有恩典有要求、有陳述有命令（indicative and imperative）。對於猶太人，兩者皆包含在妥拉（Torah）裏；對於基督徒，則包含在基督的身分裏。

這兩個觀點出現在所有基本的聖經主題裏。創造的主題包括陳述句，就是世界的存在是好的，而同時也有命令句——人類有責任保護世界。這個雙重觀點——是（is）和應當（ought）、恩典和需要、應許和要求——完全貫穿聖經的記號世界。

可是，這套有各種各樣主題的聖經記號語言，並不是以有系統的方式與我們相遇，而是藏於大量的敍事和意象內、藏於很多具體的經文內。在我看來，基本的聖經主題與具體經文之間的分別，能夠詳細説明講道的所有向度。在我詳細講述以前，先作以下的概略。

1. 歷史向度。認識幾個基本的主題，可以有助於縮短過去與現在的距離。依我的見解，最重要的，是聖經內這些基本主題可以在今天被視之為有效的，而非組構那些主題的具體（往往是神話的、傳說的）經文陳述被視為對確。
2. 釋經向度。講道是以經文為「開放的文本」的，經文的潛在意義在各式各樣的解釋裏首先發展。但各式各樣的解釋並不必然導致武斷，所有解釋必須通過具體的經文的檢驗，所有解釋必須於基本聖經主題的框架內被表述。
3. 神學向度。假如第一誡成為所有這些基本主題的支持的話，那麼任何講道的所有內容，都可以明確地或含蓄地與這條誡命有關。假如講道不是一個接觸上帝和與上帝對話的機會，那麼講道就只是空談。
4. 存在向度。假如所有基本主題都被經驗為應許和要求——來自信仰那象徵語言的中心的解釋，我們就會發現生命的提升和講道要傳遞的定向：它應許人類——作為上帝的形象——有絕對的價值，並使他們過一個與這個身分一致的生活。
5. 溝通向度。基本的主題是我們已經學會的信念。我們不是天生就有這些信念；但在不同的程度上，我們愈來愈熟稔這些信念。依我的見解，講道者有代表性的意義，他們根據這些基本主題來感知和解釋自己的人生。這樣，他們的主體性（subjectivity）也可以呈現代表的特點——即使他們自己仍然未臻完善，並其信仰必然會繼續在危機中成長。

註釋：

1. 關於走向對傳統進程的新理解，古結曼（E. Güttgemanns）在新約釋經著作中有介紹：E. Güttgemanns, *Offene Fragen zum Formgeschichte des Evangeliums*, BevTh 54, Munich 1970。他也有一個很好的摘要：E. Güttgemanns, " 'Generative Poetik' – Was ist das?" in H. Fischer (ed.), *Sprachwissen für Theologen*, Hamburg 1974, 97～113。也參見 A. Stock, *Umgang mit theologischen Texten. Methoden, Analysen, Vorsschläge*, Zurich, Einsiedeln and Cologne 1974。
2. 關於文本世界較作者的個人意圖和讀者的決定更重要，特別得到里克爾（P. Ricoeur；或譯「利科」）的證明，參見例如 P. Ricoeur, "Philosophische und theologische Hermeneutik," in P. Ricoeur and E. Jüngel, *Metapher*, Munich 1974, 24～45。
3. 我嘗試透過神蹟故事的傳播證明這點：G. Theissen, *The Miracle Stories of the Earliest Christian Tradition*, Edinburgh and Philadelphia 1983。
4. 參見 U. Broich and M. Pfister (eds.), *Intertextualität. Formen, Funktionen, anglistische Fallstudien*, Tübingen 1986；特別參見 M. Pfister, "Konzepte der Intertextualität," in U. Broich and M. Pfister (ed.), *Intertextualität. Formen, Funktionen, anglistische Fallstudien*, Tübingen 1985, 1～30。
5. 參見 G. Theissen, "Synoptische Wundergeschichten im Lichte unseres Sprachvertändnisses. Hermeneutische und didaktische Überlegungen," *WPKG* 65, 1976, 298f。
6. 隨後參見 W. Engemann, *Semiotische Homiletik*, THLI 5, Tübingen and Basel 1993。恩格曼（W. Engemann）按照意符、意指和指涉對象之間的關係分析講道。記號在記號系統（語言）內獲得意義的符號學上的理解，對他來説是不相關的。由他的講道學所推論出來的概念，儘管採用了符號學相關的進路，但與這裏所呈現的不同。
7. 關於「開放的本文」，參見 G. M. Martin, "Predigt als 'offenes Kunstwerk'? Zum Dialog zwischen Homiletik und Rezeptionsästhetik, " *EvTh* 44, 1984, 46～58。見 H. Schröer, "Umberto Eco als Predigthelfer? Fragen an Gerhard Marcel Martin," *EvTh* 44, 1984, 58～63。關於釋經的概念（不是本質），照我的見解，只在新近形成；參見 F. Watson (ed.), *The Open Text. New Directions for Biblical Studies?* London 1993；這時我手上沒有這本書。關於內容參見 K.

Berger, *Exegese des Neuen Testaments*, UTB 658, Stuttgart 1977, ^{2}1984, 92ff。

8. 關於題目「宗教與改變」談及對理論、宗教的反省，參見 J. Riches, *Jesus and the Transformation of Judaism*, London 1980, 20～45：當概念和想法獲得新涵義時，宗教創新就會發生。因此它們至今仍未是隱喻。隱喻是把傳統上不連在一起的兩個記號結合起來。

9. 定義參見 C. A. Keller, "Die Komplementarität von Leben und Tod im hinduistischen und im mesopotamischen Mythus," in G. Stephenson (ed.), *Leben und Tod in den Religionen. Symbol und Wirklichkeit*, Darmstadt 1985, 137～135。他定義「宗教系統是一個全面的、多向度的記號系統，使宗教羣體與最高的、終極地被視之為對確的眾實在之間的溝通成為可能，而這些實在被證實對這個宗教羣體有影響」（頁 19）。伴隨著這個定義的是關於宗教的文化—語言理論（cultural-linguistic theories）——有別於表現的和認知的理論（expressive and cognitive theories），他們都視宗教為一種經驗表達或一個觀念的世界。在這裏，宗教被視為記號系統而非象徵（symbols），因為「象徵」是非常複雜的記號的特定形式。

10. 參見 E. Cassirer, *Was ist der Mensch? Versuch einer Philosophie der menschlichen Kultur*, Stuttgart 1960；S. K. Langer, *Philosophie auf neuem Wege. Das Symbol im Denken, im Ritus und in der Kunst*, Frankfurt 1965。

11. 這句話非常有「新教」特質：新教視聖經為基督教信仰一個決定性的和充分的基礎（唯獨聖經）。但實際上，新教已不斷加入了傳統和約定俗成。

12. D. Rössler, *Grundriss der Praktischen Theologie*, Berlin 1986, 345.

13. D. Ritschl, "Die Erfahrung der Wahrheit. Die Steuerung von Denken und Handeln durch implizite Axiome," in D. Ritschl, *Konzepte, Ökumene, Medizin, Ethik, Gesammelte Aufsätze*, Munich 1986。關於這個進路的討論參見 W. Huber, E. Petzold and T. Sundermeier (eds.), *Implizite Axiome. Tiefenstrukturen der Denkens und Handelns*, Munich 1990。

14. 參見 H. von Lips, *Weisheitliche Traditionen im Neuen Testament*, WMANT 64, Neukirchen 1990；H. von Lips, "Christus als Sophia. Weisheitliche Traditionen in der urchristlichen Christologie," in *Anfänge der Christologie, FS F. Hahn*, Göttingen 1991, 75～95。

1

宣講作為實現聖經記號世界的機會：宣講的歷史詮釋向度

為現今而進行的聖經傳統的釋經，不只出現在宣講裏。釋經也出現在講課、註釋書和專文裏。這一切文體都是關於對聖經的理解的，但宣講是關於更多東西的。聽眾來到這裏準備理解聖經、並抱對這些經文「無條件關注」的確信：即理解是以認同為前設的。

現今這種理解必須面對四項保留才能站得住腳，而這種理解不是天真的理解，而是經過誤解甚至拒絕後才獲得的理解。這種理解首先必須抗衡兩項歷史性的保留。

第一項保留，就是在很多經文裏有很多不可能的事出現，而這些事在原則上不可能是真的。擺在我們面前的是神蹟和非人類的主體：天使和鬼魔介入歷史、有各種各樣的神話出現。在我們裏面有聲音說：「事情不能是那樣的。」

第二項保留更是關於看似相當可靠的經文（其內容雖然只是貌似有理），但這些經文也一樣有可能是錯誤的根源，因為它們是由有可能犯錯的人所撰寫的。因此我們聽見第二道聲音說：「事情可以是那樣，但也可以是不一樣的吧。」

經文不僅包含刻意記載的歷史事件（儘管主要的神學陳述是與歷史緊扣的），也包括比喻、勸勉、辯論。但這些經文在這裏也會遇到不自覺的反對，即另外兩個我們不應掉以輕心的釋經上的保留。

第三項保留，就是經文來自另一個與我們不同的世界。他們的思想是過時的，但最重要的是，他們的價值和標準常常使我們感到厭惡。很多女性（也不只女性）認為一些父權式的陳述相當難以忍受。再一次有聲音從會眾裏說：「這一切非常陌生和遙遠。」（或應該是相當遙遠，正如父權式的陳述的例子中。）

第四項保留並非基於過去與現在之間的詮釋距離，而是基於「從上」（from above）與「從下」（from below）閱讀經文而引起的詮釋衝突。聖經裏不是有很多虛假的安慰嗎？與宣講一起出現的四重奏裏，最後一個聲音輕聲地說：「這一切只是幼稚的妄想，或是壓抑現實的宗教化妝。」

當我們宣講的時候，應該要注意到，我們正在把自己的聲音加進一場伴奏並不和諧的音樂會裏。當今沒有人能完全叫停這些伴隨著宣講的聲音。但我們要如何應付？

有兩個答案使我不滿意，即使它們具有真理的成分。第一個答案草率地把經文與現在之間的詮釋距離，視為上帝與人之間的距離：我們必須忍受經文的陌生性（其不可能性、其存疑性），因為宣道（kerygma）本身是陌生的：上帝是全然的他者。辯證神學（dialectical theology）傾向提出這樣的答案。但恰當的看法應是：當我們遇到令人生厭的經文時，難道我們不應問自己，為甚麼經文那麼令人生厭？也許經文正告訴我們一個不受歡迎的真相。例如，自由主義新教徒對基督的代死有普遍的反感，是否因為經文表達了一個非常殘酷的事實，就是所有生命都是靠犧牲他人的生命才能存活？假如有人提出類似上述例子的論點，那麼他不是揭露在經文裏上帝的陌生性，而是揭露了人類彼此的陌生性。

第二個答案來自相反的方向，儘管這個答案常常以「辯證神學」作為背景。伴隨著宣講的懷疑聲音將會被強化——因為經文可能不足以成為歷史或文學現象；因此驚異的感覺也會更強烈（即上帝藉著這樣存疑的經文而說話）。簡而言之：經文被歷史鑑別學（historical criticism）埋藏，好使在宣道中顯大。但恰當的看法是，我們應當嚴肅看待的事實是：被幾十年來的歷史鑑別學暴風雨所折磨的經文，仍未受到侵蝕。然而，也許我們不應馬上視之為聖靈所行的神蹟，而是嘗試以更忠誠的方法來解釋經文。也許我們同樣把歷史鑑別學埋藏得太快了。

以上這兩個解答都不能令人滿意。不論宣道現在體現了經文在歷史上和詮釋上的陌生性，或詭辯地從毀滅歷史性的陌生性中顯大，兩者皆輕看了我們達致理解經文的可能性。

在我看來，問題不是我們整體上是否把自己與經文認同，而是我們在經文裏把自己與甚麼認同。這裏傳統的詮釋喜歡訴諸於作者的意圖，往往是作者「真正的」（real）意圖，相對於經文那受時間影響的表達方式。但我們常常要面對經文內「不同的作者」：在所有三部符類福音書內都出現的同一段經文，可能對每位福音書作者來說都有不同的意圖。而實際上，漫長的傳統進程導致很多作者——所有在傳統進程裏留下蹤迹的傳承者——出現。即使是保羅的經文，「作者」並非總是完全清晰的，情況有可能是保羅自己集合自己的書信的片段，使之組成新的書信。[1] 保羅寫作的原意與保羅編輯自己的書信的原意，沒有必要完全一致。

我們可以在經文裏把自己與甚麼認同？為此我希望提出以下

答案。我們可以較容易把自己與經文的深層結構認同，而多於經文現在的形式。宣講的祕密在於運用我們在聖經內找到的文學元素和結構（從聖經的宗教的基本結構而來的），以創造新的文本。這樣的講道不只是對經文的解說（exposition；解說的典型意思，在極端情況下就是複製經文），而是經文的變奏，並在某程度上把主題呈現出來。[2] 現在我們來到這種經文的深層結構。

一 聖經信仰的基本主題作為宣講的衍生基礎[3]

基督教的語言是（傳統的）聖經的語言。正如哲學界有人嘗試以沒有日常語言的瑕疵的「理想語言」（ideal language），代替在過去已有的語言；神學界也一樣，也許有人渴望以淨化過的神學語言代替聖經語言。這些嘗試都不會成功。在實際有人使用的「語言」裏發掘更多秩序和邏輯，比發展一套有特定「邏輯」的新語言更有價值。任何語言（包括那些已變得「紊亂的」和歷史性的語言）都是由少數規則（rule）所管理，每位使用者都無意識地學會。只有少數「文法學者」（grammarians）把這些規則帶到意識層面，正如只有少數神學家把聖經語言的基本規範（norms）帶到意識層面。當我們聆聽經文時，我們無意識地把基本規範內化，並記在「心」裏。任何人在面對信仰時，都以此來解釋生命和實在。基本規範在歷史裏被傳遞，繫於文字中——可是這與文字之於文法規則不同，那會有由文法規則組成的具體句子，而這些聖經語言的基本主題是聖經的精神或精義（spirit）。

我現在提出這些基本主題的初步清單。這些主題永遠不會有最終定案，[4] 也不會構成一個嚴格的系統，而是較像一個有鬆散結構的規則，有重疊和接觸點，像運動物體一樣經常在運轉著，然而卻有隱藏的結構。

1. **創造的主題**。萬物是從無到有被創造出來的。萬事可以不是、也可以是有差異的。從無到有地創造的神聖力量，活躍於每時每刻，並在耶穌從死亡的虛無中復活這情況下進入歷史。
2. **智慧的主題**。世界是由上帝的智慧而造成的。上帝的智慧在世界的非凡結構和美麗裏呈現，但也隱藏在其對立面裏——上帝的智慧在十字架的「愚拙」中完全隱藏。
3. **神蹟的主題**。世界上所有事情的結果都可以有令人驚訝的變化；沒有事情是完全被規定的。上帝和人類、信心和禱告，帶來了異常的變化。耶穌擁有這種奇妙的力量。
4. **盼望的主題**。日漸顯明的應許貫通歷史，導致我們期待那已在舊世界中萌芽的新世界。現在人類成為兩個世界的人，在舊世界裏被「肉體」（sarx）束縛，但在以耶穌為首的新世界裏則被「靈」（pneuma）束縛。
5. **歸信的主題**。個人可以有徹底的改變。正如世界必須改變成與上帝的旨意一致，人類也一樣：假如他們容許自己與基督同釘十字架，並與祂一同進入新生命的恩賜，他們也可以開展新生命。
6. **出埃及的主題**。不僅是個人，整個羣體也因上帝的呼召而改變：從亞伯拉罕一族離開米所波大米開始，到以色列出埃及和從巴比倫被擄回歸，直到新約羣體初現於新世界、成為耶穌的門徒。
7. **信心的主題**。上帝透過我們所信任的人類來揭示自己，也就是：主要不是透過物質構造、制度或概念，而是透過一個「你」（You），即我們在自由的信任關係中與這個「你」相遇，當中沒有任何強迫。而在所有人類的中心，正是拿撒勒人耶穌，上帝透過祂向我們說話。
8. **道成肉身的主題**。上帝透過聖靈在基督裏、在道裏、在聖禮裏和在每位信徒裏，真實地臨在於人類和世界。祂透過祂的臨在而使萬物成為神聖。基督道成肉身使上帝與人的接近可靠無疑。

9. **代表的主題**。生命是為了他人的一種代表式的生命（representative life）：不是無意識地受苦，以換取他人生命的成長，就是有意識地為了他人而犧牲自己的生命。動物的流血獻祭見證了生命的提升被迫以他者的生命為代價。基督顯明了另一個選擇：為他者而甘心交出生命。
10. **位置轉變的主題**。在前的將要在後，在後的將要在前。這是基督徒在羣體裏要有的行為。這也是上帝在歷史裏所作的，尤其在基督裏所作的。審判者遭審判，祭司成了受害人，世界的統治者成了奴僕，而被釘十字架的基督則成了新生命的基礎。
11. **神聖的愛（agape）的主題**。所有人藉著愛成了鄰舍，無論是藉著尋找那離開羣體而失喪的人，還是藉著接待陌生的客旅，還是愛那些恨我們的仇敵。基督是這種愛的形象；祂捨棄生命，愛那些曾是上帝的「仇敵」的人。
12. **自我羞辱的主題**。自願接受或確認苦難，蘊藏著一個信息：為真理作見證——不論是透過苦修主義或擔當被輕視的外人的角色，甚至是透過殉道。轉化的力量從那些看來應該受辱的人中散發出來。基督透過自我羞辱（self-stigmatization）成為這種轉化力量的偉大模範。
13. **審判的主題**。所有生命都要經過淘汰過程。只有人類可以意識到這點：他們知道自己受威脅，不但作為肉體的存有，而且也作為道德主體。他們以自己所作過的來接受衡量——上帝根據倫理標準向他們施行最後的審判。審判的準則和審判者都是耶穌。

14. **距離的主題**。沒有生命能符應那產生和維持它的終極實在。人類漸漸意識到這種來自上帝的遙遠性，這種遙遠性並因內疚和苦難而被激化。這兩者皆使人類與上帝分隔。上帝在基督裏參與這種距離、揭示這種距離並克服這種距離。
15. **稱義的主題**。生存的合法性像生命的存在本身一樣深奧難解。生命終極來説是一個從無到有的創造而讓人類領受，正如他們領受肉體的存在一樣。他們自己沒有創造過任何東西。稱義的基礎是上帝在基督裏有一個新的創造行動。

我在這些基本主題裏看到聖經的「精神」，信心透過這「精神」光照世界，並且這「精神」在基督身上體現出來。[5] 在我看來，這些基本主題有可能把聖經與我們的現代世界連結起來。這些主題未必與現代世俗意識完全一致，但有相似的地方。這些相似的地方也可以為教外人解釋那個聖經之信念的世界，但不一定旨在使他們成為聖經記號世界的居民。假如教外人尊重聖經中的意象和敍事的那個「家」，我們就已經有很大的成就：理解不等於馬上同意，但可以隨時成為同意。因此我希望指出在現今世俗意識裏那些令人驚訝的類比——當然，其中一些類比，能夠以現代世界被猶太教和基督教所持續塑造著來解釋：

1. 創造的主題對應著對萬事皆偶發（contingency）這種意識。
2. 智慧的主題對應著世界的「規律性」（regularity）——所有科學都以此為前設。
3. 神蹟的主題有時對應著明確的「不確定性」（indeterminacy）：相信機遇的決定性（decisiveness of chance）。
4. 盼望的主題對應著竭力改變世界的烏托邦意識。

5. 歸信的主題對應著治療意識——即認為有可能為了美善美好而改變行為。
6. 出埃及的主題以不同的形式活躍於種種現代解放運動裏，例如工人運動、青年運動及婦女運動。
7. 信心的主題對應著人文主義的「相遇文化」（culture of encounter）。
8. 道成肉身的主題對應著把所有屬靈東西肉體化的現代慾望。
9. 代表的主題可以與一個現代意識結合，即所有活物都活在同一道活水裏。
10. 位置轉變的主題活現於現代世界那反權威的姿態裏。
11. 聖神的愛的主題對應著世俗的團結：刻意接納陌生人。
12. 自我羞辱的主題可以在現代世界的挑釁與示威技巧裏見到。
13. 審判的主題在個人責任——若不是對上帝，至少也對自己的良心——的意識裏找到共鳴。
14. 距離的主題對應著荒謬的基本意識：甚至到達人類「唾棄」——現代式的唾棄——自己的程度。
15. 稱義的主題對應著確信人類有不滅的尊嚴——那是不取決於人類行為及錯誤的。

這些「世俗」類比與基本聖經主題的分別，在於所有聖經主題都與上帝有關。那些按照聖經主題去經驗和解釋生命和現實的人，能尋獲許多意義——而他們的生命只是對這些意義的反響和回應。相反，世俗化的意識則必然把這些基本主題理解為人類的策劃，完全歸功於人類的創造力。

世俗化的意識也把「上帝」解釋為人類創造力的結果——也許甚至會對宗教帶有某種尊重：幫助控制情緒、推動利他主義等。宗教的意識則反過來把世俗的主張解釋為假象：所謂自由的人類自我發展其實是對挑戰的回應。我們將會在宣講的神學向度的章節裏再討論這點，此刻我們集中思想歷史的向度，克服古今之間的距離。

單單回顧基本結構是不足夠的，假如我們講道要點有十五個，講道便會變得冗長乏味。讓我再一次運用語言的模型：語言的文法規則是有限的，但在文法規則的幫助下，我們可以造出無比豐富的句子，並反覆規劃新的陳述。而有趣的，正是那些陳述：精通法文文法的人不必讀過法國文學。具體的文本遠超其潛藏的基本結構。聖經「語言」也是一樣。具體的經文是宣講的材料。[6] 宣講的材料是由具體的經文構成的。

二 宣講的形態的結果：經文作為宣講裏變化的領域

講道的不只是一堂關於聖經語言的文法課，而本身就是一篇聖經語言。要用一種語言説話，只懂得連繫字詞（詞位〔lexemes〕和詞素〔morphemes〕）的文法規則，顯然是不夠的。相反，我們需要某些詞彙，才能經常根據現有的規則想出新句子。在這裏，這種廣義的「詞彙」（vocabulary）不但包括字詞，也包括短語、慣用語和文本模式。現在假如我們視宗教為一種語言，也就是一套有明確文法的記號系統，那麼認識基本主題是不足以讓我們運用這套語言，或賦予它新生命的。相反，我們是需要在具體的記號綜合體之中、與其一起，以及在其之下，認識這些基本主題。我們用直覺掌握這些基本主題——從聖經敍事、從禮儀（如洗禮和聖餐）和神聖物件（例如形象和建築）。宗教記號系統包括了語言學、施事（performative）和實質（substantive）的表達形式。[7] 正如我們可以精通一種語言而不需自覺地想起其文法規則，我們也可以學懂聖經記號語言而不用清晰地説明其基本主題。但當溝通中斷時，我們就有理由回到這些基本主題上，正如遇上語言學難題時，我們便不時重新運用文法知識一樣。

連接古今之間的歷史鴻溝，與溝通中斷有密切關係。因此我們有理由把宣講的詮釋任務定義為：以保留相同的聖經主題為基礎，用現代「記號世界」的材料，用我們熟悉的字詞、意象和信念，創造新的文本。這裏的基本主題看來是非時間的常數，而面前的實際經文材料則是歷史變項——但即使是語言的明確特徵，事實卻不是這樣：文法不是不受時間影響的，從長遠觀點來看，它是有變化的。當然詞彙變化得更快，但總是靠挑選和發揚傳統的字詞庫存（以及傳統的文本結構、文本與文體類型之庫存）來變化。宗教也是一樣：從長遠觀點來看，基本主題的特性會改變。相反，實際的表達形式往往較很多人所想像的持久。肯定的是，兩個變化過程都發生在有傳統記號系統的羣體裏，否則就不會有基督徒的身分認同。

因此我強烈主張把講道緊緊連繫於聖經經文和意象裏，但要把這種連繫變為創造性甚至是戲耍的過程（playful process）的基礎。出現於經文的元素，以位於較深層的基本聖經主題作為基礎，被重組、修改和組織成新的文本。

這種經文的變化在處理經文的意象和敍事形式時格外突出。我希望根據宗教意象的兩個基本形式——隱喻和象徵——分辨其變化；並根據敍事經文的兩方面——角色和行為——分辨其變化。到最後，每段經文都是作者與受眾之間的溝通。作者與受眾也能變化，也就是，以戲耍和虛構的方式被取代。這裏給出了六項可能的講道變化（但這並不窮盡所有的可能性的）。

1. 隱喻的變化[8]

隱喻是一個語義的中斷（semantic disruption），也就是，文本裏的意義組合，不是曾經偏離「正常」的期望（例如約定俗成了的隱喻），就是仍然偏離這期望（例如活的隱喻〔living metaphors〕）。因此一個隱喻從來不是單獨的字詞或單獨的意義，而是透過與文本結合而出現。這是文本現象。「悔改的果子」這個聖經意象是一個隱喻，因為果子通常只生於樹和灌木上，因此我們期望經文裏有類似的結合。這些期望是恰當的。行為也會生出果子。但「果子」與「歸信」之間的語義中斷同時也是一個信號，叫我們不能以字面理解這個結合。沒有人會明白那些行為有改變的人，在字面的意義上如何產生改變的果子，例如有香蕉從他們的鼻子長出來！

在聖經裏我們找到的，不僅是個別的隱喻，更是整個隱喻和意象域。[9] 換言之，個別的隱喻埋藏在與內容有關的意象裏，這些意象完全不在經文裏呈現，而是以實質的另類方式存在。我會簡述三大項意象域：

（1）自然與植物的隱喻，當中植物的隱喻可以分為兩個意象域部分：「樹與果子」和「種子—生長—收成」。[10]

（2）實質性的隱喻，如「家」、「器皿」、「船」、「殿」，也就是人類製造的，而部分成為了羣體的意象（「上帝的家」），部分則成為個體的意象（「身體的殿」）。

（3）社會隱喻，這種隱喻佔據了聖經中心的位置：上帝是父親，而以色列人和基督徒是上帝的兒女。「智慧」以上帝的妻子的身分出現。人類是上帝的工人。[11]

因為這種隱喻釋放了豐富的實質性的聯想（而在聖經時代，它們只在這種聯想的處境下，也就是在它們的意象域裏曾經「起作用」），所以宣講時用上這些聯想是適當的。房子的隱喻必然令人想起房子裏不同的房間，只有非常貧窮的人的房子才只有一間房間。家主回來的比喻是以大房子和很多僕人作為前提。因此我們可以把不同房間的概念加以發展：在同一所房子裏，有華麗的飯廳和地下的酷刑室；有病房和宴會廳；有用來休息的房間和用來努力工作的房間；有歡樂的房間和受苦的房間。而所有居民，不是努力忘記房子的對立部分，就是努力創造平衡。這一切都關係到整所房子的主人，因為他使房子聯合一致，即使居民都忘記房子該有的內聚性。[12]

因此隱喻藉著詳加闡述當中的元素，實現隱藏的對立含義，並運用相關的意象而成為小「比喻」（parables），即虛構的敍事，而這對現實的刻畫較抽象的説明更為適切。這裏的前設往往是：我們不能以字面來理解隱喻。世界不是一所房子，但人類社會則可比作一所房子。[13]

2. 象徵的變化[14]

象徵與隱喻不同，象徵必須經常同時以字面意思來理解。只有在理解被限於其字面意思的情況下，象徵才會被誤解。因此十字架本來是一個特殊形式的絞台，主後一世紀耶穌在此被處死。但這十字架在組成上帝與人類整全歷史的一部分時，承載了附加的意思——以敵意與拒絕，以及復和、平安與赦免的歷史形式。透過深印於這整個歷史，十字架承載了額外的象徵價值。加上必要的變更（*mutatis mutandis*），這適用於所有象徵和象徵事件。象徵可以以字面來理解，但作為整個故事的一部分，象徵具有額外的意義。在福音書作者的角度來看，枯乾的無花果樹的確生長在耶路撒冷城門前（這棵無花果樹也許引發各種對其枯乾的解釋）。但在福音書的框架裏，無花果樹具有象徵意義：表示耶路撒冷的領袖沒有生出上帝期望他們要有的果子。

象徵可以隨著處境而改變，而每個處境都是敍事的規範。這種整理我們生命的「敍事」，有不同的範圍：我們個別的生命是一個敍事處境，人類歷史是個更巨大的敍事處境，進化的偉大事蹟是我們所知的最大可能的敍事處境。較整全的處境往往包含較小的部分。同一個象徵經常可以在所有三個處境裏承載附加的價值。[15] 例如在利未記十六章的代罪羊，就是聖經其中一個偉大的象徵。

最顯而易見的處境是羣體的歷史，我們在利未記十六章看到的代罪羊禮儀，是一個贖罪的禮儀。把這個禮儀轉移到我們現今社會的處境並不困難：所有社會傾向把自己的張力與未解決的難題強加於「代罪羊」身上，他們通常是無助的小數羣體，被迫為生命的陰暗面負責。

但我們也可以把這個禮儀置於宇宙性的處境。生物進化是基於一項事實，就是適應能力較弱的生命形式有較小的生存機會（即較小的存活和生殖機會）。假如沒有「犧牲」「較弱」的生命（「較弱」的意思是次強）這個原則，讓提升生命成為可能，那麼生命形式的發展是令人難以想像的。當人類故意進行「無意識地在生物進化裏發生的」事情時，我們就有代罪羊的禮儀——不是在現實裏（消滅對手）就是在對這種毀滅的禮儀性敍述裏。只要我們進行代罪羊禮儀，就仍然被生物進化的原則所「抓住」。

第三個代罪羊象徵的「敍事」處境是個人生命。在代罪羊處境裏有兩頭山羊：一頭獻在壇上給上帝，另一頭擔當人的罪送到曠野。當這個過程發生在每個人身上時，就會有額外的象徵意義：我們反覆為了寶貴的目的而犧牲部分的精力（在「理所當然的崇拜事奉」裏獻給上帝），而把其他部分的精力送到曠野，也就是，潛抑或故意抑制這些精力。這個禮儀生動地讓我們看到兩個過程——昇華和潛抑之間需要有平衡。[16]

因此儘管隱喻變成了敍事，並因而成為生命的比喻，象徵卻活過來——假如象徵深印在真實的處境裏；或更謹慎地説，深印在我們確實相信的處境裏；當然，這樣的處境也可能是個神話，神話的居民認為那是真實的，但其他人則視之為虛構的。

3. 角色的變化

意象（不論是隱喻還是象徵）在敍事文本裏可以產生很多果效，意象可以以各式各樣的形式出現在敍事裏。但敍事的基本結構也可以有變化。因此敍事裏的人物或論述的對象都以典型的角色出現：英雄、反面人物、伙伴、旁觀者。敍述者可以採用不同的敍事觀點：[17]

- 全知的敍述者的觀點——他抽離所有角色，並可以與他們產生共鳴；
- 從某個角色的觀點去看所有其他角色；
- 旁觀者的觀點——他只從外表認識所有人和從他們所説的話知悉他們的內心世界。

在現有的敍事裏，一種受歡迎的角色變化，是敍事觀點的改變。同一個故事以其中一個參與者的觀點重述：例如從彼拉多或其中一位兵丁或其中一位提出指控的大祭司的觀點，敍述耶穌受審和定罪。這種觀點的改變，就是以不同的角色在每次出場時擔當「敍述者」。[18]

故事的外在進程在這種角色變換中仍然可以維持不變。沒有東西需要改變，但一切呈現出新亮光。保羅自己顯示出這樣的角色變化如何激發洞察力：他要求哥林多羣體代入教外人的角色，當他進入羣體，聽到大量不能理解的方言時，他不會斷定他們是癲狂嗎（參見林前十四 23）？

這裏有一個角色變化的例子，這個例子有重大講道價值，它重新表述了一段在新約最陰暗的反猶太教徒的經文，就是把「猶太人」描述為魔鬼兒女的約翰福音八章 43 至 44 節。[19] 我以兩個備註作為前言，以表示我對經文所作的變化是非常認真地取自其深層結構（當中隱藏的假設）。這種重新表述改變了經文的表面結構，但保留其深層結構。

1. 經文堅稱的，並非猶太人**都是**（are）魔鬼的兒女，而是在那個特殊的境況下，他們**變成**（become）那樣，這點是重要的。他們實際上是亞伯拉罕的兒女，但當他們殺害耶穌時，他們就歸入了外來力量之下：歸入了撒但的力量。
2. 被指作為魔鬼的兒女的具體原因，是源於一個特別的行為模式：殺害上帝的使者。隱藏的前提是，那些人殺害述說上帝真理的人，不是出於他們的意願，而是出於魔鬼的意願。

因此以經文的前提為基礎，我們可以說：那些人殺害傳遞上帝真理的人，是幹著撒但的邪惡工作，並因此接替了撒但在古老的凶殺歷史裏的位置。當前的經文明確地把這些隱藏的前提加在猶太人身上，因為他們殺害耶穌，而也只限在這範圍內。今天，在基督徒長期迫害猶太人過後，我們更有理由把經文應用到基督徒身上：基督徒經常殺害猶太人或容許他們被殺害，儘管他們知道猶太人也是為了他們所相信的上帝而作見證人。現在既然這段約翰的經文是對成為信徒的猶太人說的，經文也可以應用於基督徒身上。透過角色變化，我們得出以下經文：

耶穌說：「我知道你們是我的跟從者。但你們企圖殺害猶太人，因為上帝的話語沒有在你們裏面運行。我說我從天父看見的，但你們作你們從你們的父所聽見的。」基督徒對他說：「我們不是上帝的假兒女。上帝是我們的父。」耶穌對他們說：「如果上帝是你們的父，你們就會愛猶太人。因為他們與我一樣，都是來自上帝；他們不是自願地來到，而是上帝把使命交給他們，要他們在世界上見證他。你們為何不明白呢？因為你們聽不見這個使命。你們來自你們的父魔鬼，並希望行你們這位父的旨意。他一開始就殺害人類，並不站在真理裏面，因為真理並不在他裏面。」

改變角色並不一定涉及改變整個行為，但假如一個輔助角色變成了主角的話，角色的改變通常帶來行為本身的改變。這帶我們來到文本變化的第四個可能性。

4. 行為的變化

每個人都懂得以「倘若……會怎樣呢？」的思維遊戲來思考歷史。倘若該撒（Caesar）沒有採取斷然手段會怎樣呢？倘若彼拉多沒有定耶穌的罪會怎樣呢？當歷史發生的時候，很多可能性都可以出現，至少對於那些涉及的人來說，他們不知道歷史會如何發生。只有在回顧時，歷史才往往顯得必然：「歷史必然這樣發生。」但即使在回顧的時候，玩弄一下那些現實以外的可能性，也有重要的功能：加深我們對真正發生的事情及其意思的了解。有時新約經文本身含蓄地提及這些可能性。在關於納稅的對話裏，人們期望耶穌從兩個潛在的回答裏二選其一。第一個，納稅給君王是被禁止的，因為上帝是地上獨一的主。地上一切都屬於上帝，君王沒有其擁有權。第二個回答可以是：要納稅給君王是上帝的旨意。上帝容許他治理地土，最後是上帝自己支持君王的統治。耶穌的回答「該撒的物當歸給該撒，上帝的物當歸給上帝」的重點，只有根據這兩個沒有明言的可能性來理解，才變得清晰。顯然廣泛的「保守解釋」並沒有抓住這些格言的原來意義。關於納稅的宗教義務是沒有公式可循的。[20]

我們不但可以想像行為的變化出現在「真實的行為」（real actions）裏（當中也可以包括「語言行為」），也可以出現在虛構的文體、明喻和比喻裏。[21] 我們可以在浪子回頭的比喻裏找到四種行為變化。我只談及其中一個：浪子從外地回來，他不是窮途末路而是發了大財。他成為富有的人，娶了個富有的妻子，並且有很多奴僕、很多財產。然而他仍然是浪子，因為他拒絕他在父家裏所學習的賺錢原則。他跟狼一同哮叫，並不會錯失損人利己的機會。這種行為的變化非常適用於中歐的會眾，因為他們通常是富裕的。即使講道者沒有道德侵略性，也能透過這種經文的變化向聽眾舉起一面鏡子，給他們知道那是指他們。以這種間接的方法所傳遞的見解，比擺在人們面前的現成見解更深刻。

5. 作者與受眾的變化

我們可以列出很多講道文本變化的可能性。我只舉兩個例子：每段經文都有作者和受眾。我們最容易在書信文體的經文看到這點，但也可以在先知的說話裏看到。當然我們也可以改變作者和受眾。

作者的變化在於把同一段經文放在另一個人的口裏。「要愛你們的仇敵……」這句格言聽起來可以有不同的效果，取決於是出於不太害怕仇敵的上層社會成員（他甚至可以透過玩弄權力來使仇敵對他有益處），還是出於小人物的口，甚至是出於被逼迫、被羞辱和被輕視的人的口。[22]

受眾的變化可以是：例如，重組耶利米寫給被擄者的書信，每次寫給不同的受眾：給現在意識到自己沒有「安全」的人；給對世俗社會感到陌生的基督徒，以及給所有失去童年的人。「被擄」的象徵，加上受眾的變化，共有三種變化。[23]

關於經文變化的原則，已有足夠的例證。我再強調，是說聖經的說話，而不是談論聖經。說聖經的說話的意思，是運用基本聖經主題作為語言的文法，包括聖經隱喻、象徵、角色和行為。因此與基本聖經主題連結，可以使聖經語言的運用更加自由。透過這種聖經語言的變化，我們可以談及現在，而不會出現古今之間講道上的鴻溝，講道也不會災難性地分裂為：涉及所有經文困難的釋經部分，以及與經文脫鉤的、針對現在的部分。

現在我總結對宣講的歷史詮釋向度的反省。聖經過去與現在之間的鴻溝，不能靠神學上注意上帝與人之間的鴻溝來縮短，也不能或靠降低神學上的重要性，即欣然接受文本年代久遠，以致要用一個更大的奇迹，把經文帶進現在，才能明白一篇宣講。在這兩個情況下，古今之間的距離不是在經文的幫助下縮短，而是因不顧及經文而縮短。要經文對現在開放，不是靠這些努力。

我希望在此指出一種對聖經的定向，不是聖經主義式（biblicistic）的定向，也不是基要主義式（fundamentalist）的定向：經文是聖經的記號語言的一種表達，由幾個（作為文法的）基本主題管理。我們通常以直覺領會這些基本主題。那些把自己置於經文世界的人會熟悉這些基本主題，即使他們不能明確地將其列出。但把這些基本主題帶往意識層面，是神學家和講道者的責任。講道者愈肯定這些基本主題，以引導他們的生活和解釋世界，他們就可以愈自由地「戲耍於」經文和聖經的記號語言所包含的經文元素。忠於基本的事情可以為講道的實際形式帶來自由。

這種自由，可以在經文意象和敍事元素成為宣講的變化領域時找到。經文不但被重複，而且以聖經信仰的基本主題作為基礎，加上存在其中的聖經語言的幫助，而闡述成新的文本。講道者成為經文的合著者，講道者以他們的假設重新創造。講道是來自聖經，不是關於聖經。[24]

毫無疑問這是以「自由」（liberal）的方式來處理經文，而同時被經文約束。講道者從字句裏得釋放，並透過製造自由的變化而證明這種自由。但這一切都是為了在聖經裏說話的聖靈而出現的。講道者需要有聖經語言和使用象徵的能力。為了使經文成為宣講的變化領域，講道者必須有能力實現那只潛在於宣講經文裏、但卻屬於經文世界的虛擬意象和敍事元素。

現在我們可以問：為甚麼講道者不應滿足於一個「範圍」、單一項重點？為甚麼不但要呈現實際經文，而也要使經文世界復活？為甚麼要帶領羣體進入潛在意義的世界？這裏有一個清楚的答案，就是為了聽眾的自由。他們不是要被引導向單一項重點，而是要向他們展示不同的選擇，讓他們自己決定重點。其實看似經慎重考慮而決定的事情，是深深地埋藏於我們的生命裏的——也是我們在沒有選擇餘地下挪用的。

到目前為止，我們可以說，經文的變化是以「自由」的方式處理經文。講道者從文字裏得釋放。講道者透過自由變化經文，以引證講道者的自由，並給聽眾自由取用其中一項變化形式。但這一切，都是為了在聖經裏說話的聖靈而發生的。特定的經文是在這種精神下被挪用的，這是講道者與聽眾自由決定的結果。[25]

註釋：

1. 參見 D. Trobisch, *Die Entstehung der Paulusbriefsammlung. Studien zu den*

Anfängen christliche Publizistik, NTOA 10, Fribourg and Göttingen 1993。

2. 參見我的講道集副題：G. Theissen, *The Open Door. Variations on Biblical Themes*, London and Minneapolis 1991。
3. 以下基本主題的概略，已經以略為不同的形式出現於我的文章：G. Theissen, "Die Bibel an der Schwelle der dritten Jahrtausend. Überlegungen zu einer Bibeldidaktik für das Jahr 1992," *ThPr* 27, 1992, 4～23。
4. 假如這些基本主題成為最終定案，也不是件好事。在預備講道時，講道者應該預料到自己經常會在實際的經文裏發現新的基本主題。
5. R. Bohren, *Predigtlehre*, Munich 1971, [5]1986；博倫（R. Bohren）在這名著裏說，聖靈是宣講的基本假設，這個說法是對的。「靈」透過聖經文字而被傳達，而不必與其經文完全相同。被這個靈抓住，即至少把一些基本聖經主題內化，以致可以此來理解上帝、世界和生命，是宣講的明確假設。這種對基本聖經主題的內化出現在公開的情況，是我們不能控制的。我們不能有系統地計劃，但可以在詮釋上思考。我注意到我把對「記號理論」（theory of signs）的反省連於講道學，經常與博倫的著作內關於辯證神學的一貫發展有張力。正是這個原因，我希望指出我們的共通點。
6. 因此我們不應不把關於「意象」的講道包括在內。「信仰的象徵語言」（the symbolic language of faith）不但包含文字，也包含大量的圖畫。但我不能想像一篇講道的聖經主題只是以意象出現。以意象來闡明或疏遠一段經文是非常有分別的。但在這個情況下，講道的內容不會是「關於」這些意象，而是在意象的幫助下提及經文。
7. 參見 F. Stolz, *Grundzüge der Religionswissenschaft*, KVR 1527, Göttingen 1988, 101ff。
8. 關於隱喻，參見 P. Ricoeur, *Die lebendige Metapher*, Munich 1986；J. P. van Noppen (ed.), *Erinnern, um Neues zu sagen. Die Bedeutung der Metapher für die religiöse Sprache*, Frankfurt 1988；A. Grözinger, *Die Sprache des Menschen. Ein Handbuch. Grundwissen für Theologinnen und Theologen*, Munich 1991, 94～129。
9. 參見 P. von Gemünden, *Vegetationsmetaphorik im Neuen Testament und in seiner Umwelt. Eine Bildfelduntersuchung*, NTOA 18, Fribourg and Göttingen 1993。
10. 這個結論來自傑姆敦（Gemünden, *Vegetationsmetaphorik im Neuen Testament und in seiner Umwelt.*）；也參見她即將出版的文章：P. von Gemünden,

"Pflanzensymbolik," *TRE* (forthcoming)。

11. 這種意象域的研究出自 C. Hezser, *Lohnmetaphorik und Arbeitswelt in Mt 20, 1～16. Das Gleichnis von den Arbeitern im Weinberg im Rahmen rabbinischer Lohngleichnisse*, NTOA 15, Fribourg and Göttingen 1990。
12. 也參見傑姆敦的馬可福音十三章 31 至 37 節講道（下文講道例子三）裏那關於房子隱喻的變化。房子的隱喻被用作描述哀悼和重組認知的過程；被棄的房子變成充滿期待的房子。
13. 我們刻意把一個傳統的隱喻再隱喻化（re-metaphorization），對詮釋是有幫助的，因為我們已不再注意到那傳統隱喻在意象和內容（或提出意象者與接受者）之間的語意張力。我已在上文透過字面上對「悔改的果子」隱喻的曲解，引發這種再隱喻化：樹不能「悔改」——它們仍在相同的地方，而已悔改的人也不能生出字面意義的「果子」來。
14. 關於隱喻與象徵的分別，參見 Gemünden, *Vegetationsmetaphorik im Neuen Testament und in seiner Umwelt*, 19ff。
15. 參見我的路加福音三章 1 至 14 節講道（下文講道例子五）裏那關於曠野象徵的變化。
16. 我相信我在榮格（C. G. Jung）的著作中讀到這解釋，但我找不到出處。
17. 參見 Grözinger, *Die Sprache des Menschen*, 164ff。
18. 參見傑姆敦重述使徒行傳十章 1 至 35 節（下文講道例子一）。我採用了各種虛構的觀點，例如在 G. Theissen, "Believing and Thanking. One the Gift of Changing Good Fortune into Gratitude (Luke 17. 11～19)," in G. Theissen, *The Open Door*, London and Minneapolis 1991, 94～101。
19. 我對約翰福音八章 43 至 44 節的「重新表述」（reformulation）出現在：G. Theissen, "Aporien im Umgang mit den Antijudaismen des Neuen Testaments," in *Die Hebräische Bibel und ihre zweifache Nachgeschichte. FS R. Rendtorff*, Neukirchen 1990, 535～553。
20. 參見傑姆敦的馬太福音二十二章 15 至 22 節講道（下文講道例子四）。
21. 行為變化的例子有：G. Theissen, "The Lost Sheep, or God's Remarkable Mathematics (Luke 15. 3～7)," in G. Theissen, *The Open Door*, London and Minneapolis 1991, 95～101。
22. 我們甚至在統治者和當權者口中找到近乎「要愛你們的仇敵」的陳述。曾是羅馬帝國中其中一個最有權勢的人辛尼加（Seneca），在其著作裏引用以下格言：「據說，假如你效法神明，那麼也要對討厭的人行善；因為太陽也照犯罪者，而大海也向海盜敞開。」（Seneca, *de benef*. IV, 26, I）至於這些格言的社會處境，見 L. Schottroff, "Gewaltverzicht und Feindesliebe in der urchristlichen Jesustradition. Mt 5, 38～48 / Lk 6, 27～36," in *Jesus in Historie und Theologie. FS H. Conzelmann*, Tübingen 1975, 197～221。

23. 參見 G. Theissen, "Letters to Exiles. Variations on the Letter of Jeremiah (Jer. 29. 1, 4～14)," in G. Theissen, *The Open Door*, London and Minneapolis 1991, 24～32。

24. 參見巴特（K. Barth）的名句：「宣講是說出聖經所說的，而不是談論聖經」（Preaching has to speak out of the Bible, but not concerning it）；K. Barth, *Church Dogmatics* IV. 3.2, Edinburgh 1965, 869。

25. 基本聖經主題與經文的分別、精義（或精神）與字句的分別，可以幫助我們理解為何一位問心無愧的講道者的講道有時與經文背道而馳。他們明白聖經的精義給予他們自由去批評字句。

2
宣講作為發展開放的文本的機會：宣講的釋經詮釋向度

講道總是關係到特定的經文。這些經文不只是講道者可以使用的意象和敍事的倉存，更是宣講時所指涉的文本。因此我們可以料想，釋經在講道學裏有無可反駁的首要性（primacy）。

這種釋經的首要性曾經出現過，但現已不再是這樣。在過去的三十年裏，有各種各樣的原因，使人思考講道學時要放棄釋經的首要性。[1] 釋經的首要性曾經與宣道神學（kerygmatic theology）的宣告講道學（proclamation homiletics）緊緊連接起來。如果經文有上帝的道，那麼準確理解經文必定較其他關於宣講事情更為優先。但隨著宣道神學的後退，其他元素便走到台前：講道場合、講道的果效、其修辭特色、講道者的個性。我們有理由問：講道的內容與形式不是與經文本身一樣重要嗎？這些因素不是決定了一篇講道有沒有抓住聽眾嗎？假如講道的至高目的是要尋找聽眾，那麼我們不是有必要減低釋經的重要性嗎？

除了從關注經文轉移到關注其他因素以外，有兩種動力開始動搖講道學裏釋經的地位。

在分析當下情況、聽眾及其行為這等問題的時候，所學到的各類歷史鑑別學並不中用。我們盼望從那以當下為定向的學科，即從傳播理論、心理學、社會學等學科得到啟發，這不是更自然嗎？但在這樣的情形下，古今之間的鴻溝會由於不同的方法和範疇而加深，因為在不同的場境中都說著不同的語言。

第二個原因關乎所謂「範圍」方法（“scope” method），這個原因使釋經的主導地位在宣講裏變得特別狹窄。「範圍」就是經文的要點、中心目的。一般的教導是透過釋經找出這個要點，以一句給人深刻印象的語句表達出來，然後轉變為講道。[2] 經文因著「範圍」而在宣講裏佔主導地位，而釋經就成為達致這種主導性的工具，同時也成為最高的審判者，因為釋經要決定哪個「範圍」正確、哪個錯誤。

講道學反抗上述這種釋經的首要性，是可以理解的，但同時也是片面的。因為擁護這種釋經的人完全注意到，釋經可以使講道者避免受制於別的東西：即受制於公眾。[3] 或者，以長期講道的經驗為根據，要「按照聖經」宣講（“biblical” preaching）的其中一個理由，是因為宣講別的東西會使講道變得枯燥無味。[4]

這一切都是正確的，但論點應該更具攻擊性。只要講道的文本是關於經文，釋經就在每篇講道裏起規管性的作用。我們所需要的是新的釋經首要性，而不是回到釋經在講道學裏那種舊有的主導性，因為聖經和釋經已失去了舊有的主導地位。

聖經不再如在宣道神學盛行的時代那般，有絕對的權威。宣講與聖經應進行的是「對話」，而不是向聖經屈從。即使是在對話裏，準確地了解對話伙伴是非常重要的；否則對話會變成獨白。

現在，對過去的經文進行釋經只是一個有限度的對話，經文不能保護自己免遭不平等的釋經。作者不能回應釋經者的曲解。正因為這個原因，一個嚴謹的釋經方法是必須的。惟有這樣才能有代表性地維護經文並使其不再受貶損，避免經文被草率挪用。

但很多人會說，這個方法的程序本身，不就是妨礙了經文嗎？經文不是經常在讓人受不了的經院哲學裏遭粗暴對待，被儲存在昔日的檔案室裏，被移離生活化的使用嗎？釋經不是導致了學術羣體的主導地位，以及其對文化遺產的管轄嗎？

這對釋經是怎樣的諷刺啊！因為現在的釋經完全不適合聲稱有主導的地位。事實上，人們逐漸認識到，宗教和詩歌文本是「開放的文本」，容許很多解釋。開放的文本有模棱兩可的潛在意思，卻只能從讀者和聽眾的解釋活動而得以發展。沒有一個解釋是神聖的，甚至沒有一個「範圍」可言。因此，我們要放棄的，不是釋經的首要性，而是經文要提供一個「範圍」的這種首要性。

此外，釋經有一段長時間運用了一些範疇（categories）——近似闡明現今在宣講內發生的事情的那些範疇：傳播理論、語言學、社會學和心理學都已走進釋經，儘管以不同的程度進入。[5] 相反，學者開始漸漸醒悟，假如社會科學抑制其研究對象及其理論的歷史性，就會對自身產生錯誤的意識。[6]

新的釋經需要有新的首要性，這種釋經經常為經文展開新的進路，這種釋經運用了那些我們也以之來分析現今生活的學科來自我批判，這是「開放的文本」的釋經，這種釋經挑戰讀者與聽眾的解釋行為。

這一章的首部分會概述經文如何「開放」。簡述「分析性詮釋學」（analytical hermeneutics）的意思是要說明：認識開放的文本如何使釋經不落入武斷。相反，現今以「在詮釋上完全能作出定論」的方法來解釋開放的文本，則顯得任意。

在第二部分，我們將會關注方法、理解形式和探討聖經進路這幾方面的多元性。這種多元性是宣講的機會。講道者的舊經驗被重新確定：講道者可以反覆地宣講同一段經文，卻每次都在裏面發現非常不同的東西。

最後，我會談論宣講或講章的正式形態，即關於文本的文本：經文的講道註釋（homiletical commentary）有別於科學化註釋（scientific commentary）。任何人贊成釋經的首要性，並不是贊成講道是篇小規模的學術釋經（academic exegesis）。

一 聖經作為開放的文本

開放的文本的發現是由眾多釋經和文學鑑別學（literary criticism）的趨勢所引發的。其出現首先源自與日俱增的多元方法和進路。假如我們不想專橫地讓一個方法獨大，我們就要被逼承認文本容許不同的解釋、方法和理解形式。有三種新的詮釋進路和看法助長了這種看法：文本影響力的歷史、關於讀者的現代理論對讀者的評價，以及同時發生的作者原意相對化。

在很多釋經的形式裏，解釋的歷史被視為釋經的特有背景。但情況不僅如此。假如文本的意思也由讀者的前理解（preunderstanding）所構成（而不只是變動和歪曲），那麼我們也可以視解釋的歷史為文本意思的歷時性發展（diachronic development），而不僅是對文本的意思的趨近，意即所有解釋亦只能趨近文本的意思。解釋的歷史於是成為文本影響力的歷史的一部分（其整體比解釋的歷史更全面）。文本在其中發展。然後文本影響力的歷史必須一致地與釋經結合。[7] 但若有人視過去各種相繼的解釋為文本意思的發展的話，他也會一致地接受現今同時出現不同的解釋，視之為文本意思的發展，並具有同等的價值。

同時，關於閱讀（reading）的現代理論更重視讀者。讀者的前理解構成了對文本的理解，不但歪曲、也揭示了傳下來的文本意思。前理解（也就是，往往與文本一同被傳遞的對文本的理解）影響最終的理解；對部分的理解影響到對整體的理解，而對整體的理解則反過來影響到對各部分的理解；對處境的理解改變了對文本的理解，這種情況在新的文學和歷史處境出現時，經常帶出新的亮光。人們常常片面地視前理解為歷史所給予的（historical given），而個體在其中是被動的。讀者似乎受制於他或她偶發的歷史處境。相反，現代理論則強調讀者的行動。[8] 開放的文本有賴讀者賦予文本意思，才能被理解。讀者有分參與創造意思。在這裏，問題是文本開放的程度，以引導讀者有這種行為（當讀者「隱含」在文本裏，並只投入一個給定的角色，那又開放到甚麼程度），還是有其他也影響理解的因素：讀者的羣體及其傳統與規範、讀者的經驗，以及最後但同樣重要的是：其自由洞見和創意。或許所有四個因素也有涉及，以致文本的本身和傳統、經驗和洞見，也構成對文本的理解。

這種讀者的再評價（revaluation）配合了同時發生的作者相對化（relativization）。傳統釋經的目的，是要領會作者的原意。但嚴格來說，只有在作者把原意帶進文本的情況下，才涉及作者。作者以「隱含的作者」（implicit author）出現在文本裏。「隱含的作者」與真正的作者是不同的。即使真正的作者後來解釋他或她的著作，這種解釋並非先驗地較其他解釋更有價值：作者往往可以不圓滿地解釋一部著作。著作從作者裏獲得相對的自主性。[9] 這種作者的相對化在神學性釋經裏是常見的。在前現代的（pre-modern）聖經詮釋學裏，聖經著作的作者是聖靈——聖經真正的作者——的工具。在現代的聖經詮釋學裏，作者往往或多或少成為傳統古老思潮下偶然的中介者（mediators）。最後一位作者所說的，同時由過去傳統歷史的眾多作者、流傳下來的文體和公式庫存、字詞和意象的集體領域所約束。在一定的程度上，作者的「廢立」（dethronement）對於解釋聖經來說並非新事。我們也許要在這裏強調相反的事情：隱含的作者必定與真正的作者——我們經常不確知的——有關。

但決定性的因素不是「開放的文本」的概念如何發生，而是開放的文本由甚麼構成。換言之，文本裏有甚麼東西如此開放，以致要透過閱讀行為來形成，使文本被理解？在這裏，文本內的句法（syntactical）、語義（semantic）和實用向度（pragmatic dimension）之間的悠久差別對我們有幫助，即使這種差別不能貫徹一致。首先文本是由不同的陳述、以「句法的方式」連結起來。第二，文本有語義的向度。文本的指符（signifiers；即肉眼可見的或耳朵聽到的物質模式）被賦予一個與外界有關的內容。第三，文本是實務的一部分：作者為特定的受眾組織文本，以達致明確的效果。

在這一切的向度裏，讀者必須「添加」一些東西才能理解文本。這些添加的東西並非任意的。很多情況都是出自文本本身的要求，而這些文本的要求往往透過社會常規或約定俗成和傳統傳遞。但沒有一個常規或約定俗成在人類生活上有如此大的決定性，以致不容有變。在常規或約定俗成裏記錄了讀者獨特經驗的歷史。讀者在這裏變得有創造力，並參與創作文本的意思。

文本在句法的向度上具有開放性。我們很難不作出決定就把文本分割，更遑論確定文本在其他不同的著作的處境裏的位置。分割的可能性往往有若干個。選擇中心段落也一樣：即使是相同的文本，我們會強調不同的部分，取決於我們如何對焦。這些文本結構（在其句法向度裏）沒有一個是獨立於文本內容的。假設我們以浪子回頭的比喻作為例子，這個比喻有兩個高潮、兩個重點。是由讀者決定中心點是在浪子與父親的談話，還是在大兒子的抗議；或者他們可以視小兒子與大兒子的關係為一個沒有繼續發展的（潛在的）重點。

在語義的向度裏，每個文本或多或少都在基礎的層次上開放。我們只有物質的指符。對內容的任何確定、對意符與意指之間的任何連繫，都是由聽眾和讀者以語言學和文化規範為基礎而作的。經文在這裏有很大的開放性。雷納（M. Leiner）使我們注意到補充理解的三個基本方法。[10] 我們把文本視覺化（visualize）：我們含糊地想像浪子回家後所得到那「上好的袍子」；而在之前，儘管經文沒有提及過，我們卻擬想他穿粗衣麻布。此外，我們把敍事文本「歷史化」（historicize）：我們添加一連串文本沒有明確包含的行動和進程；浪子回頭比喻的結局是刻意開放的。最後，我們「作出心理分析」，也就是，我們把動機和感受加於那些涉及的人物身上。過程也許並不集中和不清晰，但我們不能避免，這個過程是自動出現的。因此我們看見小兒子一開始就過著放蕩的生活，還是從解脫變成遭難，兩者是不同的。經文對他的動機隻字不提，這是個空隙。最後，整個故事是比喻。具有意象的文本對讀者的解釋行動有特別的要求。文本的字面意義在語言學和文化規範的說明下仍然相對地清晰。相反，轉移的意義（transferred sense）則是矛盾的，是以語義的中斷為基礎的，偏離傳統的用法。這種中斷要說的東西是開放的，其意義有待發現。象徵和隱喻刺激讀者找出意象對應其意思的程度。上帝在哪方面是父親？上帝在哪方面不是父親？意象和象徵使我們思想，不容許讀者不思想。這就是意象和象徵對人類生活的寶貴之處。

在實用向度裏，有一點肯定的是，我們必須作出解釋補充，才可以理解文本。我們現有的經文，是來自過去的、脫離處境的（decontextualized）。我們較第一批聽眾更難接近作者。我們往往不知道經文確實在何時何地寫下。例如，馬可福音是寫於羅馬人權力中心、首都羅馬的嗎？還是敍利亞省某偏遠地方？即使到現在，我們也不能確定。歷史鑑別學在很大程度上，就是要恢復在傳統進程裏被再處境化了（recontextualized）的經文原初處境，也就是，重構作者、情境、受眾和作者的觀念，以及受眾的期望。但除了這種歷史上的再處境化之外，還有發生在當下閱讀的「重新語境化」（re-contextualization）：我們現在有的經文，對讀者會產生影響。在敍事裏，讀者往往（藉著試驗）代入各個角色。[11] 他們是否做和怎樣做，控制著他們的態度。經文在這裏是開放的。例如在浪子回頭的比喻裏，我們要代入回頭的兒子嗎？還是代入留在家中的兒子呢？或甚至代入將近似唐突方式對待「失敗者」的父親：不是歡迎他和給他一個機會，而是以難以理解的方式尊敬他。

經文是開放的文本。我們應該為了釋經者經常提出新理解而高興，而不是抱怨他們不提供任何清楚的解釋：宗教文本潛在的意思愈多，價值就愈大。宣講有賴經文意思的豐富性。因此抱怨我們釋經者對經文提出大量假設（hypotheses），是不公平的。這些假設表達了經文有極多的潛在意思，並包括很多對講道有價值的意思。

因此我們可以得出一個臨時結論，就是開放的文本的事實不能被否定，以及文本有不同的開放程度：宗教和詩歌的文本較一套命令更開放。在宗教文本裏，對惟一神聖的解釋的尋索已經結束。我們可以對這個情況有不同的反應。後現代詮釋學（postmodern hermeneutics）把解釋從限定的先存意思分割出來並視之為解放；最後一切解釋都是同樣有效，並變成無關要緊的事。而隱藏在人文科學的傳統詮釋，經常拒絕從文本的結構中推論其開放性：對於這種詮釋而言，開放的文本的現象，是源於我們缺乏知識和不完善的方法；這引致一個強大的推動力，去發展新的方法和步驟，好減少隨意和無關要緊的事。不同的答案取決於相關的哲學傳統及基本倫理態度。在解釋上有自由的後現代詮釋學訓練出包容性；傳統詮釋學則促進更多不同的方法以得到知識。每種詮釋學都有真理的元素。

我的詮釋原則在這兩個極端之間，可以分類為「分析性詮釋學」，而雷納把這種詮釋學概述成文本心理釋經（text-psychological exegesis）的可能基礎。[12] 我願意在這裏以五個論題作簡單描述。

1. 關於在理解（understanding）裏發現意思與創造意思之間的關係。所有理解都有建構性的元素。為了理解，我們必須經常把經文不包含的東西加進經文裏。我們必須作出補充。沒有這樣的「推論」（inferences）——即所加進經文的關係和資料——我們就不能理解任何事情。因此，多元化的解釋、方法和進路是無可避免的，因為由經文逕自產生的推論並不清晰。
2. 關於理解與測試之間的關係。沒有解釋可以由經文「歸納地」衍生出來，每個解釋都要經過經文的測試。一般來說，假如有幾個允許的解釋的話，那麼也有不合法的解釋，這些不合法的解釋，我們可以透過與經文的比較，以充分的理由駁回。因此我們有時可以證明解釋是錯的（但也只能大約地驗證）——儘管在這裏我們不能排除另一個解釋。
3. 關於個別理解與一般說明（explanation）之間的關係。[13] 理解指向個別境況，而這些個別境況只能被籠統並一般地大約領會。但這種理解依賴「說明」，也就是，依賴經文在文化裏出現時所需的關於普遍的規則（rules）和規範（norms）的知識。這種關於規則的知識，也就是關於倫理、宗教和文字標準的知識，都是普遍的處境和規範的知識。和自然科學定律的知識相比起來，歷史領域裏的知識是與歷史中有限的（limited）部分有關的。而最重要的是，規範不是自動在歷史裏實現的：因為沒有文化規範是沒有突破歷史和逃避歷史的可能性的。

4. 關於理解和應用的關係。[14] 與存在詮釋學（existential hermeneutics）或一種把焦點放在經文影響力的歷史的詮釋學這些普遍觀點相反，理解並不透過認同和同意而出現。我們可以以我們不同意的信念和價值為基礎，來理解經文。我們可以代入與我們有不同原則的人，以致我們可以說：「我們也可以如此說和思考，就像我們有共同的世界一樣。」我們這樣做不是同意與我們不同的價值判斷和信念。相反，理解的培養始於我們不用同意而也可以理解，以及我們也可以從局外，即從另一個人的觀點，來看我們同意的東西。因此有條理的理解應該（例如）使人容易理解經文，而不取決於某人是否基督徒，也不取決於他或她是否想採用聖經的觀點作為生活方式的一部分。

5. 關於理解和評價的關係。[15] 經文有轉化的潛在力量，可以令人改變。因此我們有義務發展一套倫理標準來處理經文。假如經文可以有如此大的力量影響人類生活，我們就不應該隨意地讓經文的這種力量影響我們。有一項準則是清楚的：使人痛苦的經文，我們必須停止其影響力。我們無疑可以理解這些經文，以及使這些經文易於了解，但假如我們希望阻止這些經文影響生命的話，我們就應該作出反駁。

二 以許多不同的進路闡明開放的文本

以多元化進路來處理聖經，來自一個見解，就是聖經是一個開放的文本。[16] 它的潛在意思只能透過各種進路而出現。然而解釋並非隨意的。一方面，解釋要通過經文的檢驗，它們有可能因為沒有事實根據而被否決。另一方面，在各種限制武斷的進路裏，程序的方法得以發展。這些程序的方法，是人與聖經經文那漫長的相處經歷的表達：包括不好的經歷——如經文處理失當。

簡單來説，我們可以把進路分成三種：學術釋經的方法、委身的閱讀形式和實用的溝通形式。這種區分方不是偶然的，而是相當於各種釋經能力的主導性地位：這一點已在新教正統主義（Protestant orthodoxy）裏區分為理解、應用及解釋的技巧（*subtilitas intelligendi*, *applicandi* and *explicandi*）。而這相當於經文、解釋者及解釋羣體之間的三種關係。這一點有必要簡要説明。

很多詮釋反省似乎只假定兩個關係：理解與解釋被視為經文與其解釋者的關係。但第三個因素經常存在（至少可能存在）：解釋者所面向之解釋的羣體。我們通常是為其他人解釋經文——為課堂、大學研討會、羣體、學院。那些接受解釋的對象並不常常需要在場。作者獨自伏案著述一部關於解釋的著作，依然以一特定的讀者羣體為考慮對象。

在這個三角解釋關係裏，不同的解釋位置受到不同程度的挑戰。首先，所有解釋者必須理解經文的意思。這是理解的技巧（*subtilitas intelligendi*）。這個技巧主導著經文與解釋者之間的直接關係——儘管這會因與一些人談論經文而得到一定程度的推展。科學化釋經首先把這個過程推展，嘗試發現經文的意思，但羣體通常對於理解的精微之處沒有太大興趣；他們希望知道經文的實用意義：經文的結論是甚麼？有甚麼作用？定了甚麼界線？這是應用的技巧（*subtilitas applicandi*），也就是，有能力使經文的昔日意思變為現今行為和經驗的動力。所有委身的閱讀形式都有這種表現，當中的釋經者像解釋羣體成員般活躍，而不像批判者。這帶我們到三角解釋關係中的第三個關係：解釋者與其為之而活躍的羣體之間的關係。這裏主要需要傳播，意思是有能力向其他人解釋所獲得的、對他們來説真正重要的真理。傳播的實用形式，不管是嘗試傳達科學化釋經的結果，還是激發委身的閱讀形式，都表達了解釋的技巧（*subtilitas explicandi*）。我們得出下圖：

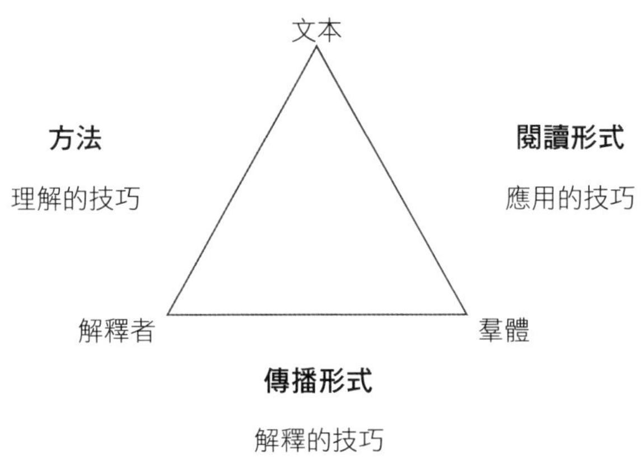

但我們不應強解這個圖表。方法的用處是適當地揭示經文；但方法也是（討論經文的）對話時要守的規則。儘管閱讀形式以應用為方向，但卻有揭示經文的力量。實用的傳播形式不僅説明那些縱然沒有這傳播形式也是已知的東西，其用在審美建構上也有揭示的力量。這是一個啟發的泉源，讓新洞見進入經文，以及讓經文在應用上有新的可能性。

1. 科學化方法

在過去的三十年內，發展了很多新進路，讓我們更理解經文。除了經文鑑別學（textual criticism）和文學鑑別學、形式鑑別學（form criticism）和編修鑑別學（redaction criticism）這些傳統方法以外，還出現了兩組新方法。一方面，有些方法認真地把聖經視為文本和文學；而另一方面，有些方法則把聖經解釋為廣闊的生活領域的表達和成因：作為社會生活和心理生活的一部分。所有方法往往都對詮釋學有不切實際的期望，尤其盼望把古代聖經攫取過來，放在現在。但我們若仔細觀察，就會發現在大部分進路裏，都有拉近和拉遠距離的張力；因此，有條理的程序應使我們可以在經文的歷史處境下抓住經文，但同時把經文擱在那裏，沒有把經文直接放進現在的處境中。

經文鑑別進路，往往受詮釋學對結構主義（structuralism）的渴望所影響，要在所有經文世界裏發現一套普遍的結構，並在應用於俄國神話故事以至現代小説以至福音書時，這套結構都要一樣。[17] 這種追求，不是為了基本的二元對立，即行為的元素保持不變（如同試煉、釋放、災難、解決等），就是人物類型（例如主角、對手和輔助角色）的重現。同樣地，我們可以分辨二元、功能和施動（actantial）的結構主義。詮釋學的重點是，儘管古代經文世界與我們生活的現代世界之間有距離，但我們的目標是借助經文的深層結構，去發現維持不變的、或至少是相似的行為和人物的「秩序」。但由結構主義概念所啟發的釋經，不必然揭示普遍結構。而從歷史觀點上闡明經文裏有限的結構和新約的信念，事實上已經很有價值了。聖經記號世界裏相對地不變的基本主題對我們會有幫助。因此我們不必把這些結構元素理解為超歷史性的（supra-historical），相反，這些結構是有歷史性的，是由文化傳統流傳下來，並可以改變的。上文概述的初期基督教，作為一個由少數基本主題所主導的記號世界，我們不能不依靠結構主義的刺激去想像它，但它沒有結構主義的哲學前提，也就是，即假設有非時間的普遍性。

在狹義上，文學鑑別學[18] 的方法與相關的經文鑑別進路的區別，在於前者嚴謹地處理經文的「詩歌」（poetic）特點，包括非常複雜的內容如虛構性、意象和視角。經文如同文學作品一般被分析。一方面，不同的方法如文學鑑別學、敍事鑑別學（narrative criticism）等，遠優於傳統的釋經方法：研究經文的最後形式，即這些經文在歷史上曾經有過的影響，以及經文在今天的宗教生活裏仍然有的影響。那些在經文裏尋找宗教內容的人，往往因此特別歡迎這些整體分析。經文的美學層面與宗教層面不相伯仲，尤其在一個重視經文內的虛構性和詩歌性的開明宗教形式裏。但在學術解釋裏，同樣有一個拉遠距離的反動：我們可以研究經文在過去與現在的處境裏，對讀者的整全的作用（holistic effect）。選取處境是非常重要的。例如對於古代聽眾和讀者而言，經文肯定不是「詩歌」，而是簡單的「真理」（truth）。而讀者對經文報之以基本憂慮和盼望，對於現在的西方與中歐世界而言，那是遙遠的，[19] 這一點與拉丁美洲、非洲和亞洲的情況相反。

通常來說，經文鑑別與文學鑑別進路都是在經文裏下工夫。兩者同樣以融貫一體的經文的最後形式為方向。其形成及其影響則甚少處理，而這正是社會學與心理學釋經的取向：雖然這些釋經進路以經文作為開始，但卻以整體生活處境來理解經文，把經文重新處境化。

在社會學釋經裏，[20] 詮釋學對趨近經文意思的渴求同樣是活躍的，不管這種渴求是否有意識的。我們經常在認真的釋經裏，而不是在審慎的社會學分析裏，找到無窮無盡釋放過去偉大宗教文本的可能性——假如我們能批判地和不顧那些往往被教會歸化使用的方法來閱讀這些文本。社會宣道釋經（social kerygmatic exegesis）特別在經文裏找到令人印象深刻的社會信息——支持對強迫和抑壓進行各種抗爭。[21] 舊約的出埃及以及新約上帝的國的開始，兩者都以這個意義來解釋。但科學化釋經也引致距離的產生。根據現代的前提，我們需要看見一個由出埃及所構成的宗教，是強烈反對任何形式的奴隸制度的。但事實上在聖經裏，就如整個古代一樣，奴隸制度被視為理所當然——即使對以色列人來說，只限於因債務而暫作奴隸，而原則上已在基督教羣體裏廢除了奴隸制度（加三 28）。

心理學進路在新科學化釋經的標準裏「被建立」得最少。[22] 這一點是可以理解的，因為有力的例子寥寥可數。而這個進路首要的詮釋要求也是拉近與主要文本的距離。德雷威曼（E. Drewermann）的原型釋經（archetypal exegesis）便有這樣的特色。[23] 所有經文似乎呈現了上帝那非時間性的形象，以及描述人類自身的偉大戲劇，如何無意識地趨向整全。逃出埃及變成了逃出強迫性神經官能症。再一次（如在結構主義裏一樣），我們借助於非時間性的與普遍的結構，但這次不是經文的結構，而是「原型」（archetypes），即人類行為和經驗的深層結構，這些深層結構以夢境、神話和故事的形象出現。可是，科學的接待再次使心理學的提問遠離了自身。並非巧合的是，其中一項對心理學釋經最有趣的貢獻，是以《新約歷史心理學》（*Historical Psychology of the New Testament*）為題出現的書，它試圖證明古代人類的行為和經驗，與現代經驗和行為是不同的，並逃避現代心理學方法和理論的控制。

假如我們比較兩組新的科學化進路，文學鑑別進路在最新的討論裏常常被認為與神學較接近。其中一項進路甚至自稱為「正典進路」（canonical approach）。相反，社會學研究常常被認為是歷史研究的延伸，都是「從下」來閱讀經文，這與「從上」來閱讀經文的宣道立場不同。外表並不可靠。兩個進路都可以與對神學的委身結合：兩者皆可以與對神學的委身持保留態度。任何人以美學角度來欣賞經文，都可以壓制經文的宗教內容，就如一位無神論者欣賞巴赫（J. S. Bach）的清唱劇（cantatas），視之為人類情感的表達一樣。與美學所引致的距離比較起來，歷史和社會學對聖經所作的是一個重要的提示，就是這些經文處於活生生的背景裏，裏面有苦難和命運、衝突和絕望，它們都以宗教方法處理。兩種方法都可以雙向運作的：拉遠和拉近與文本的距離。

然而，有一個印象，就是社會學和心理學進路可以突然與宗教文本的自我理解有抵觸，而這在文本內在（text-immanent）進路和文學進路裏是難以想像的。這個印象並非完全錯誤的。[24] 這些進路不單對文本提出一套解釋，最重要的是提出對這些文本所表達的宗教的一套解釋。在（馬克斯〔K. Marx〕和佛洛伊德〔S. Freud〕的）古典理論裏，有一種批判宗教的推動力，是受過教育者的日常意識的一部分。簡而言之，這些「從下」的進路，導致在釋經上出現「詮釋衝突」（hermeneutical conflict）。這些進路是否因此在預備講道上有較少的價值？講道者是否應該更多遵循文學對經文的解釋，視之為一個獨特的世界，因為這些解釋更符合宗教對自我的理解？對此我希望明確地説聲「不」。與我們宗教的基本文本（及其他宗教的文本）保持批判的距離，業已變成理解宗教的重要部分：以超越理解（goes beyond understanding）的方式來「同意」這些文本，往往關乎要克服或拒絕文本的衝突。這種「是」（或「同意」），是緊接著——或儘管有——一種「不」而作出的。講道者在處理經文時親自經驗這個「不」的力量，這種對宗教作出如此批判的力量，也可以有説服力地替他們闡明後批判（post-critical）的「是」。他們代表羣體去經歷批判爭議所帶來的距離，到達一個新的後批判的同意。他們在智性工作裏，見證了在半意識狀態下推動很多聽眾的東西：任何人回避詮釋衝突的，就是回避當下。[25]

當然，社會學進路對於宣講是重要的，即使我們不考慮這些進路在批判宗教時的爆發力。因為批判宗教並不是這些進路方法的必要部分，反而是屬於一些其代表的哲學的一部分，而我們不必連同這種哲學所啟發出來的方法一起採用這種哲學。[26] 宗教批判常常充滿敵意，不單在理論與解釋上，也在實踐上：即在這個世紀的心理治療學派裏那無可爭辯的社會目標（或烏托邦）和個人計劃上。簡而言之，當科學成為委身的知識（committed knowledge）時——不論是在社會科學還是在釋經裏——宗教批判就會變成充滿敵意。

2. 委身的閱讀形式

我們已經看到科學化釋經可以拉近和拉遠經文與我們之間的距離。當科學化釋經拉近文本距離時，可以與委身的閱讀形式結合。不過委身的閱讀形式與科學化釋經是不同的。在委身的閱讀形式下，與經文拉近距離是有其目標的。委身的閱讀形式不希望遠離應用，也不是要隨便的身分認同；而是旨在把經文運用在當下社會和個人的生活，並使基督徒的身分成為可能。委身的閱讀形式的特點是：有可能與科學化釋經保持一段距離，因為委身的閱讀形式拒絕遠距離的和「客體化」的影響。委身的閱讀形式是「對知識那必要的批判」的來源。

委身的理解形式也可以分為兩類。有些受制於盼望的原則：在聖經內替解放的踐行尋找支持。其他則受制於信心的原則，在聖經內尋找（真正的）信心的基礎。這種信心不必然是傳統基督教的信心，如同福音派對聖經的理解一樣，而也可以是現代形式的信心。依我的見解，存在主義（existentialist）及其宣道神學對聖經的解釋，都屬於委身的理解形式。

■ 以盼望來閱讀聖經

最重要的閱讀形式，對應著加拉太書三章 28 節裏所提及三個南轅北轍的類別：猶太人和希臘人（即外邦人）、自主的和為奴的、男和女。猶太人和外邦人的分別，是猶太基督徒在閱讀聖經時所用的主題；[27] 自主的和為奴的分別，是解放神學和社會宣道在閱讀聖經時所用的形式；[28] 男和女的分別，是女性主義者在閱讀聖經時所用的主題。[29]

這裏的議題永遠是解放（liberation）：從反猶太教、帝國主義、父權主義這些有害的傳統裏得解放。在這些閱讀形式背後，是盼望的原則（principle of hope）。很多閱讀形式呈現一種詮釋上的彌賽亞主義（messianism），應許聖經內有救贖，但同時也應許聖經的救贖是指到脫離特定的對立者的轄制。

上文提及的三種閱讀形式，是結束非神話化（demythologizing）的辯論之後，聖經詮釋學發展的特色。那趟辯論是為要回應現代性（modernity）而對古代的觀念作解釋：信心（faith）和理解是這個時候的重要主題。新的閱讀形式著手於批判聖經的規範與價值觀：信心與品行變成了決定性的主題。這是一個重要的分別。無論我們是否真正理解腓立比書讚美詩裏以詩歌形式出現的基督神話（Christ-myth），也不會影響到我們的道德誠信。但假如我們發現自己身處在可以導致奧斯威辛（Auschwitz）的傳統時，這種誠信就會受到損害。沒有人可以安靜地使之靜止。因此委身的閱讀形式的辯論，是帶著強烈的道德委身、並往往是過多的道德來進行的。

科學化釋經與這些閱讀形式常常有含蓄的關係。但假如我們以為聖經只是被工具化，並被賦予不同的功能，那麼我們就把事情看得太簡單了。

那支配不同閱讀形式的價值觀，往往是來自聖經的：在這些價值觀裏，上帝實際上是關心以色列的，上帝往往站在貧窮人的一方，女性在其中似乎極為自由。無疑，一些和諧社會的活動能運用聖經的一些部分來支持自己。

此外，委身的閱讀形式為身分認同提供基礎，這一點與經文的原來功能接近：經文也企圖影響生命、在有限的情況中提供支持、帶來盼望和勝過憂傷。我們往往在委身的閱讀形式裏，較在大量科學化釋經裏，發現更多聖經的精神或精意。

■ 以信心來閱讀聖經

學術釋經對委身的閱讀形式所作的批評同樣是不公平的，因為已建立的釋經學本身，是科學化釋經與一個特別形式的理性的混合體。這個聯合，按照宣道神學與科學化釋經之間的閱讀形式來看，幾乎被視之為理所當然——幾十年來，這是一個非常有成效的結合。但我們決不能視這種結合為理所當然的。這種結合是歷史性的。我們應該想起，宣道神學的閱讀在辯證神學開始之時，被視為對科學化釋經的拒絕。[30] 宣道神學在最初的時候，就如今天那些與猶太人有關的社會宣道與婦女釋經一樣，是一種抗議性的釋經（protest exegesis）。

按照宣道神學來閱讀聖經（宣道神學在巴特著述《羅馬書註釋》〔*Commentary on Romans*〕之後經歷復興），是對自由神學的歷史主義（historicism）的拒絕。歷史主義的閱讀樂於提供一個歷史說明，以說明聖經作者認為是支配著他們的其中一個前設；但所說的東西大不相同。至少當我們看到持自由神學觀點的神學陳述，與其聲稱的歷史主義根本不一致時，就會感到驚訝。不過，以聖經的經文作為人類信心的表達，無疑是相當重要的；但宣道神學的閱讀更嘗試由經文進到信心所面向的主題。宣道神學主要不是關心保羅對上帝有怎樣的看法，而是我們今天怎樣與保羅一同思考上帝。或更準確地說，上帝透過保羅的書信向今天的人要說些甚麼。

這種宣道神學的進路與形式鑑別學有緊密的聯合。宣道神學的閱讀與科學化釋經聯合時的穩定性，就是來自這種結合。在狄比流（M. Dibelius）所提出的異文裏，形式鑑別學便認為，新約經文被最早期基督教的宣講興趣所塑造：新約經文嘗試宣告上帝在終末的救恩。[31] 任何人為了宣告的內容而再次閱讀這些經文，並在其中尋找上帝的信息，就是符合經文本身的用意，而經文的用意是可以以世俗的方法被確定的。

因此宣道與文學形式在新約裏有緊密的合作關係。這增加了我們對這些經文內宣道與神話陳述之間張力的意識。這種張力引致布特曼（R. Bultmann）的非神話化運動：若經文同樣要在今天成為活潑的宣道（與原來的宣道意圖一致），這種宣道必須要與受時間限制的神話表達形式區分開來。[32]

依照我的看法，宣道神學的釋經顯然是一種委身的閱讀形式，那並非與應用無關，而是針對應用的，並嘗試說明我們所關注的，是可爭議的。委身的閱讀形式並非適用於所有身分，而是針對基督徒的身分的。它設法改變人，使他們從不真實的生活走向真實的生活。

我們需要在這裏更進一步談及委身的閱讀形式。基要主義與福音派（evangelical）的閱讀 [33] 應歸入這個類別，儘管把兩者與布特曼的存在主義解釋並列，看來十分奇怪：兩種都是為了信心而對聖經所作的閱讀。一種是現代的信心——即試圖透過發展一套嚴謹的詮釋以讓今天的人容易了解；另一種也是為了信心，卻是出於害怕現代性，所以要採取守勢、保護自己免受世俗思潮困擾。

■ 以愛來閱讀聖經？

但我們也許會問，究竟有沒有釋經是中立的呢？有沒有委身閱讀以外的選擇呢？是否每種處理聖經的方法，都有某種立場——即使是學術釋經，如剛才舉例的存在主義解釋？

這個問題是合理的。但我希望反駁一個看來無可奈何的說法：就是科學不能得出可靠的結果，因為我們經常受制於利害關係與前設。但這種想法會使我們錯過從利害關係與前設中得釋放的機會。這個機會是基於四項因素：（1）基於科學化釋經的訓練；（2）基於我們從其中意識自己利益的那種詮釋反省；（3）基於學術羣體的相互批判：同伴們會敏銳地指出我們在意識形態上的盲點。最後，我要談及（4）基於研究的歷史，它可以為我們提供在相當不同的歷史環境下所獲得的那些研究結果。因此，沒有釋經者可跳出他們的界限、沒有人可以完全中立和沒有前設、歷史的潮流帶領著我們，但科學讓我們可以由被水流力量所控的游泳者，變做甚至可以逆流而上和逆風而行的海員，儘管我們沒法停止水流的動力。

但這只是答案的首部分。決定性的第二部分，就是科學化釋經在一方面上需要把自身理解為一種委身的閱讀形式。它應該要與一個也免受重大利益影響的強大力量結合。科學化釋經要為了愛而閱讀聖經，因為愛在詮釋上勝過信心和盼望。

假如我們以新教的信心來解釋經文，那麼差不多三分之二的新約經文，都會被非常缺乏愛的方法來處理。在四卷福音書裏，馬太福音被認為太命令性，路加福音太歷史性，而約翰福音則有幻影說（docetism）的嫌疑。保羅之後大部分的書信，都被貶為「初期之大公信仰」。只有保羅能通過釋經的嚴謹目光；但即使他也不是常常保持到他自己的見解的水平。當釋經只由信心的觀點有條理地推動著，即從宣道的中心或從「聖經中心」推動著，就會有完全歪曲經文的危險。因此我會主張，我們應該首先要愛新約經文引起爭議的部分，而不根據信心的標準來評價這些經文。

而愛在詮釋上也大過盼望。有些人盼望一個更好的世界：沒有反猶太主義的荼毒、財產得以平均分配、男女的機會較現在更平等，他們可以以盼望的新亮光，看見和闡明很多經文。但他們的危險是忽略聖經的黑暗面，或只根據某一個主題來閱讀聖經。愛包括有能力包容其他人的不同方面，包括他們的黑暗面，甚至他們的偏見和錯誤，但不一定予以贊成。愛重視對方的缺陷和限制。愛有忍耐但不用放棄與經文同感。愛也容許經文裏的矛盾，以及經文與其自身存在之間的矛盾。愛不嫉妒，因為過去的人還沒有我們的見識水平。

但這種以愛詮釋文本與有所保留的科學氛圍（即定義釋經為遠離應用和不受限於身分的行為），究竟有甚麼關係？

在我看來，這種有所保留的科學化釋經本身，正是基本的人類價值的一種應用，沒有這種應用，科學化釋經就會失去身分。每種人類的表達形式都要以其自身來理解，因為人類永不只是手段，其本身也是目標。理解本身是有價值的。這種基本的詮釋原則，是一個優良社會的其中一個條件。科學化釋經應該有這個原則。科學化釋經應該變成一種「委身的閱讀形式」，代表人性和不可缺少的東西。科學化釋經在這裏可以成為一種愛的形式，因為愛是公平對待其他人自身的價值（self-value）的至高形式。

因此我的結論是，愛在詮釋上大過信心和盼望。我若只有信心，任讓我甚至可以把最遙遠的經文，從其歷史框架移至永恆真理的領域裏，卻對經文沒有愛，我的釋經就沒有價值。又我若有所有盼望，任讓我甚至可以在最有保留的經文裏，表達出還未得著的解放，卻對人沒有愛，我的釋經就沒有價值。

在所有學術釋經當中，我們只知道部分，這是真的。我們看開放的文本，就像照鏡子一樣。我們常常只得出閱讀和釋經的多元性。這裏有三種基本的詮釋態度，就是信心、盼望和愛。三者都是合理的，三者永遠是合理的，但其中最大的是愛。

3. 實用的傳播形式

與科學化釋經和以應用為方向的委身閱讀形式並排的，有實用的傳播形式。它主要要求人有描述一個題目並向人解釋的能力。在集體知識庫存或應用的可能性中那潛藏於文本內的常識（general knowledge），只有在成為個人化的知識（personal knowledge）後，才可以得到生命。

這些實用的傳播形式並不僅「附屬」於「高等」形式的釋經進路；相反，這些實用的傳播形式往往在閱讀方法和形式上帶來豐富的效果。例如，在默想聖經時、在創意地重述其故事時，或在其內容那富美感的藝術形態裏所揭示的東西，可以在新知識或在發現新應用的可能性上，有驚人的推動力。

相反，沒有科學化知識可以在沒有適當的傳播形式的情況下被傳播。每個學術界成員都知道：科學化知識必須以一特定的形式呈現才能得到果效。科學化知識必須在恰當的期刊或叢書發表，必須有學術的氣味並且以恰當的方式發展：開始時談及方法，中間部分處理不同註釋，最後有謹慎的結論。傳遞科學化釋經的實用形式也並非沒有陰暗面：空洞的語句常常有講究的包裝，把不能理解的説話包裝成深奧的道理。這種傳播形式在學術界以外是傳播的災難，即使是在學術界裏也不見得是件好事。

但在這裏，我們不需要注意這點，因為講道者的對象肯定不是學術界，而是基督徒羣體，以至整個社會。適當地傳遞聖經的實用形式有三個特徵：在內容上，這些形式常常把經文異化；

在社會層面上，這些實用形式深印於直接的互動（interaction）裏；在媒體方面，涉及美學形式的全部範圍，都可以出現在這些實用形式裏。

以異化方式解釋聖經，不應與其他的實用傳播形式並列。在所有傳播裏，我們都應該可以察覺到異化的果效。我們在上文看到，當謹慎的語義中斷而使我們注意到新事物時，言語事件就有果效。我們似乎非常熟悉經文：人人都認為自己已經認識經文。假如這些經文真正要成為一件轉化人的「言語事件」（speech event），就只能經異化而產生，就是透過諷喻文（satirical parodies）、唐突的釋義、戲耍的反文本（playful anti-text）等等。這種異化的策略對宣講是重要的。當宣講缺乏能令人驚訝和變得可預料時，就會失去改變人的能力。[34]

正如異化出現在所有實用的傳播形式上，大部分這些傳播形式也與活潑的互動有密切聯繫，有談論聖經的，或有分享對聖經的默想的，或有角色的變化的。因此，若有實用的傳播形式自稱為「互動的」聖經解釋（interactional bibical interpretation）：[35] 即把歷史鑑別釋經法——作為一異化的經驗及——與由經文引起自我的經驗結合起來，就有點誤導了。其實，對經文的主觀投射和對經文的客觀估量，這兩者之間的張力，同時可用作為著人類而揭示經文和為著經文而揭示人類。而這修正也應該發生在所有實用的傳播形式上。

實用的傳播形式所用的方法是最多樣化的。就這些媒體有美學特徵來説，這些媒體保存了自身的價值，是在其那教導的目標之上的。我們不能把美學工具化，使之成為教導的方式。美學始終是承載得更多的。

文字上的傳播形式對應著三種基本的詩歌文體：戲劇、史詩和抒情詩。聖經戲劇（bibliodrama）的角色扮演，取材自聖經敍事，並使之改變而具有異化的果效。[36] 這裏也一樣，用擔任一個角色來經驗自我，與在不失經文的動力下經驗經文的異化，兩者是互相連結的。敍事釋經（narrative exegeses）[37] 延續早已在聖經內發生的事情：在敍事釋經裏，虛構性的氣味高於所有歷史事件。歷史事件被非歷史的解釋框架所圍繞。敍事釋經利用新的虛構框架文本，來闡明和解釋聖經經文。敍事釋經把經文再處境化，不但讓歷史學家可以仿效，甚至連不懂得歷史鑑別學的人都可以仿效。相反，關於聖經主題的宗教抒情詩通往當下：其真實性打動人心。抒情詩內的「我」表達了思想、情感和狂想，不受制於宗教傳統的標準期望。[38]

眾所周知，其他的傳播形式在宗教生活裏佔重要的角色：如平面藝術和音樂。這對於宣講有重大的意義，並不只是因為每場講道都有包括音樂和詩歌、建築和意象的禮儀框架。所有這些實用的傳播形式對於講道者本身都是重要的，可以讓人向經文開放，以致也讓講道者向聖經經文開放。當然講道者在預備講道時不會用上所有傳播形式，但無疑的是，講道的經文應該以很多方法來處理，不是只靠學術方法和委身觀點來閱讀，也靠默想來向經文開放。在預備講道時，經文深藏於每天的意識流裏也是重要的，以致經文被整個人生經驗和現存問題的逆流所包圍，直至我們開始意識到，經文有些地方有其解釋的牽引力，可闡明和改變每天的意識流。

三 宣講的形態的結果

宣講不是施行支配。範圍（scope）不會支配經文，經文也不會支配釋經；釋經不會支配講道，講道也不會支配聽眾。然而，經文有首要性。聆聽是一接收和創造的過程，但在聆聽時，文字比其創意的運用更重要。解釋者是合著者（co-author），但不是主要的作者。接收（receiving），比釋經者創造出來的意思更重要。經文在宣講時的首要性和釋經在講道學上的首要性，意味著經文與解釋所引進的處境並非任意的，而是要展開一個領域，讓主動的聆聽與閱讀的相互影響成為可能。當因著習慣和期望而產生的變異（deviations）使人豎起耳朵時，就會激發獨立的聆聽。但變異必須有引發性，否則就不被視為變異。因此所有講道必須有引發性和開放性。我將簡述兩個產生這兩項特徵的建議：經文的首要性在講道的註釋裏變得明顯，以及經文的開放性在講道的變化裏變得明顯。

1. 對經文的講道性註釋

我們如何確定，講道表達出經文的可能性？一篇講道如何避免提供一連串開放的可能性，而經文變成只是其中之一種可能性？首先，在宣講裏，經文不僅是意象、概念和敍事結構的庫存；也是宣講、其對象、其主題所指涉的文本。假如一篇講道是以經文的語言世界説話，但也經常論及經文，這便是一篇好的講道。這篇講道是為經文作註釋。

無可爭辯的是，對經文的註釋在宣講裏經常有變成學術釋經的危機。因此很多講道者棄用註釋，認為釋經已包含在講道裏，因此不必在講道裏重複。但在我看來，假如我們不敢再在講道裏註釋經文，講道便失去與聖經那緊密的關係。關鍵的是，這種經文註釋，應該被塑造成講道性的註釋，而非科學化的釋經。

但對經文的學術性註釋和講道性註釋，兩者有甚麼分別呢？著述一部好的學術著作的藝術，其中包括要以陳述和論點的形式，報告一切理解那個問題所需的東西。至於這部著作的作者在寫作時是德國人、法國人還是瑞士人，是男是女，是患病是健康，這並不重要。科學把事物「客體化」到一個程度，即使不知道文本起源、作者的處境、他或她的焦慮、懷疑、盼望這等關乎具體處境的知識，所有陳述都必須可以被理解。當然我們不需要隱藏這些個人化的特點，但這當屬於序言部分，對於理解並不是最重要的。科學化的文本是脫離處境的文本；作者獨特的生命絕迹於文本裏。

講道註釋是不同的。所有與經文相關的論點應該來自實際的生命，這一點相當關鍵。我們可以確實地說：「我病臥在牀時我明白」，或「我把這個意見歸功於一位學生」等。講道註釋認真地對待一個事實：就是在科學中，我們永不是面對單一觀點，而是面對不同的觀點；而上述這種需認真看待的事實，正是真實的生活場境的一部分。講道者必須弄清不同觀點的意思，但不用在不同的意見中間作出一個平衡的科學化選擇。簡而言之，講道註釋在當下的處境中把講道的經文再處境化。

為講道的經文作講道註釋的一個方法，是把所有釋經語句置於敍事框架內。這樣，講道註釋就呈現出與聖經的活潑關係。創造這樣的「講道註釋框架」（homiletical commentary framework）有幾種可能性。我將會列舉其中一些，但這不是完整的清單。

1. **釋經的框架**。講道者講述自己或一個虛構人物如何提問各個釋經者對經文的看法。這樣，學者所提出問題背後的各種關注，就可以以敍事形式來闡明；不同釋經者的態度和偏見也一樣。關鍵是要講述釋經性註釋本身。[39]
2. **傳記的框架**。講道描述某人如何在生命的不同階段——例如兒童、青年人、成年人、老年人等——面對同一段經文。當然，講道者也可以選擇以他們自己為例子。但一個虛構人物往往較為自由。這種方法同樣把釋經的觀點深置於生活的進程裏。[40]

3. **教導的框架**。幾乎所有講道者同時也是教師。因此當他提出宗教教導時，很自然就會講解經文中使人感到困難的地方，而那是因經文中某些特殊概念所引起的。學生的答案可以很有啟發性。

這三種講道註釋的框架都有一個共同特點，就是由直接的釋經旨趣推動著敍述（或至少是推動著這種敍述的可能性）。但也有其他角色和場境，人們會視經文為他們研究和判斷的對象，以及會以經文形塑他們的意見。以下是一些例子：

4. **記者的框架**。記者負責報告和作評論，兩者往往又會互相影響（即使有相反的意見）。因此，例如我們可以設計一篇聖誕節講道，讓各個媒體報告耶穌的出生，有嚴肅報導、小報、政治新聞報導或文化刊物。當然我們也可以對事件作出各種評論。
5. **法律的框架**。有控告出現的地方，講道就可以成為一個虛構的法庭，來調查事件。因此任何人都可以再次「審判」該隱，詢問專家關於事情的發生，並嘗試作出裁決。[41] 當然這種註釋的框架也可以直接與歷史連繫起來。保羅大概被羅馬人處死，我們可以在一個虛擬審訊裏，調查他所說的話，如此類推。他的書信的任何一段都可以成為指控的一部分。
6. **書信的框架**。講道用的新約經文，很多都是來自書信。對書信最自然的反應就是回信。我們可以回應任何事情。在講道裏，除了提出直接的「釋經」外，我們還可以選擇回答，這是一個間接釋經的虛構框架。加拉太人如何回應保羅生氣時所寫的書信？巴拿巴和彼得的反應是甚麼？雅各又會怎樣說呢？[42]

以敍事的形式對經文作釋經式評論以創造講道的框架，這肯定尚有更多的可能性，但這幾個例子已經足夠了。但有一個對立的觀點也許要簡短討論一下：講道者若不說出自己的見解，而是讓他人效勞，他或她豈不是隱藏在其他評註者背後嗎？無可爭辯，這是危險的（當然，或者在一些傳播場境中，這也會是一種機會）。但一般而言，任何註釋應該是真實的（意即那是來自註釋者的角度，而且其內容應該有啟發性的）。假如我們容許反對保羅的人說話，他們應該是可靠的，因為他們也希望像保羅一樣，作認真的基督徒，而他們應該能提出相應的關注。那些聽道的人不久就會發現，講道者（也）在說話。重要的是，講道者在結束時要親自說話，從其他虛構角色裏走出來，直接向聽眾說話，藉此提出和肯定那作出評論的人物的貢獻。

最後，我要強調一些相當明顯的東西。其實我們不用敍事框架，也可以對經文作講道註釋，這種情況在很多講道裏都可以做到。重要的不是經文註釋的形式，而是每個註釋都要表達著對經文的態度——而不是以脫離實際生活的方式，來評價各個論點和意見。

2. 經文在講道中的變化

敍事註釋框架把經文重新處境化，使聽眾注意經文。假如敍事註釋框架經常能以不同角度帶來啟迪並能提供生活處境，它就會變得十分重要。但如果我們不滿足於只得一個註釋者（儘管原則上是可行的），就可以在講道裏引入我們在第一章討論過的變化原則。

講章這文本作為一篇開放的文本，通常有幾種用途。於講道中，肯定可以把很多解釋的可能性變為講章的內容。但很多時，我們有理由要專注在一個主題上，例如，因為情況需要我們如此，或因為會眾不應不斷聽著一些以前經常聽到的東西。我聽過的很多講道，它們不是沒有見解，而是見解多得可以用在三篇講章裏，而當中沒有一個見解得到完全發展。因此從經驗來看，限制我們在文本中只用上一個主題是重要的，但卻要以不同方法使這個主題多樣化起來。集中於一個主題，可以讓文本清楚呈現這個主題。但講道者和聽眾的創造性活動，會不斷改變這個主題。這些變化說明經文是一個開放的文本，而變化讓聽眾意識到，他們自己可以進一步改變經文。

變化必須有一個形態。假如講道經文本身有一連串的變化，那就容易了。因此在羅馬書八章 17 節及下，保羅想出三重漫遍於實在的歎息和悲哀：受造之物、基督徒和聖靈的歎息。於此，一個帶著變化的主題已在經文裏回響著。[43] 我們可以透過釋經在其他講道經文裏找到這樣的主題。因此，例如馬可福音九章 28 節及下關於醫治患癲癇的男孩，我們可以以代表性主題的變化來閱讀。門徒嘗試在耶穌不在時代替祂，但失敗了。父親代兒子請求。耶穌的信心代表那父親的信心：祂有「凡事都能」的能力。「代表性」（representativeness）這個關鍵詞語，並沒有在經文裏出現。但這個詞語並非被強加在經文內，而是隱藏在經文內。因此我們可以想像得到，一篇講道可以以這主題作變化，並以逐部分解釋的形式來宣講。

變化必須是可識別的。假如一個主旨——如一句句子、一個意象、一個關鍵詞語——在所有變化裏保持不變的話，就能幫助聽眾理解。[44] 在每個變化之後有一個教導性的重複句子，也是恰當的；這句句子不只用來指出分段，也用作該相同主題的回響。我們若發現主題保持不變的話——包括音樂和講道——我們就能更加享受這些變化。

最後，我們不應盲目作出變化。即使在音樂裏，我們對音樂風格也有預設的期望。主題必須在一處以弦樂出現，在另一處以活潑的斷奏出現，第三次出現時是緩慢和令人沉思的，第四次以小調出現，如此類推。講道也有可能的範圍性「系統」，講道在這個系統裏為主題加添變化。因此我常常故意嘗試在宇宙性、社會性和個人性的處境裏，發展同一個主題，好顯示講道談及我們與所有實在的關係（見下文第四章）。

我要再次強調，經文及其解釋是講章的重點。假如經文是由正式的學術釋經所控制，那麼反抗經文的首要性是可以理解的。但第一，學術解釋者並非管理傳統的人，而是以很不同的態度去對待他們手上的文本的人。第二，他們大部分已看透「開放的文本」。這部「開放的文本」要求首要性。這部文本經常在生活處境裏呈現新意義；這部文本是記號世界的一部分，邀請我們經常透過意象和敘事，與終極實在有新接觸。每一篇講道於其自身的目的而言，都有單一的方向。這部文本為每篇講道提供一個可無限變化的基本主題。因此我會以獨立的篇章來討論宣講的神學向度。

註釋：

1. 參見 R. Bohren, *Predigtlehre*, Munich 1971, [5]1986, 149：「既然釋經陷入重大危機，而講道學有明顯的傾向放棄釋經的首要性，那麼我們就有必要強調釋經對講道的用處。」
2. 參見來自梅耶・楚・烏普特魯普（K. Meyer zu Uptrup）的個人經驗：K. Meyer zu Uptrup, *Gestalthomiletik. Wie wir heute predigen können*, Stuttgart 1986。但「範圍方法」是有爭議的。與巴特不相伯仲的人駁斥這種觀點，參見 K. Meyer zu Uptrup, *Homiletik. Wesen und Vorbereitung der Predigt*, Zurich 1966, 34f（謄本來自一九三二年冬季學期和一九三三年夏季學期在波恩〔Bonn〕舉行的講道學的研討會）：「假如上帝只想在講道裏説話，那麼

不論是程序或範圍也不會是妨礙。」（頁 34）

3. 參見 Bohren, *Predigtlehre*, 148：「假如釋經避免使講道者任由公眾牽著走，那麼釋經也避免使講道者容許自己被宗教市場調查的結果所操縱。」
4. H. Hirschler, *Biblisch predigen*, Hanover [2]1988.
5. R. Morgan (with J. Barton), *Biblical Interpretation*, Oxford 1988；其中有一個關於釋經發展的精巧調查，這項調查延伸遠至語言學和社會學的進路。新的釋經進路的更多導介有：K. Berger, *Exegese des Neuen Testaments*, UTB 658, Stuttgart 1977, [2]1984；H. K. Berg, *Ein Wort wie Feuer. Wege lebendiger Bibelauslegung*, Munich and Stuttgart 1991；J. C. Anderson and S. D. Moore (eds.), *Mark and Method. New Approaches in Biblical Studies*, Minneapolis 1992。從一九九三年起，對於新進路特別開放的《聖經解釋：當代進路期刊》（*Biblical Interpretation. A Journal of Contemporary Approaches*），已由萊頓的布利爾出版社（E. J. Brill, Leiden）出版。
6. 參見 G. Jüttemann (ed.), *Wegbereiter der historischen Psychologie*, Munich and Weinheim 1988。
7. U. Luz, *Das Evangelium nach Matthäus*, EKK 1, 1, Zurich and Neukirchen 1985, 78～82，由伽達默爾（H. G. Gadamer；或譯「迦達默」或「高達美」）的詮釋學所激發，把經文影響力的歷史與釋經結合起來，此註釋書在這方面提供一個很好的導言，以具說服力的方法執行此方案。
8. W. G. Jeanrond, *Text und Interpretation als Kategorien theologischen Denkens*, Tübingen 1986, 104ff；W. G. Jeanrond, *Theological Hermeneutics. Development and Significance*, New York 1991; reissued London 1994, 93～119；此書提供一個簡短的說明。
9. 參見 P. Ricoeur, "Philosophische und theologische Hermeneutik," in P. Ricoeur and E. Jüngel, *Metapher*, Munich 1974, 24ff。
10. M. Leiner, *Grundfragen einer textpsychologischen Exegese des Neuen Testaments*, Heidelberg theological dissertation 1993 (forthcoming), 3ff.
11. Leiner, *Grundfragen einer textpsychologischen Exegese des Neuen Testaments*, 219ff.
12. Leiner, *Grundfragen einer textpsychologischen Exegese des Neuen Testaments*, 130～152.
13. 我認同 K. Hübner, *Kritik der wissenschaftlichen Vernunft*, Freiburg and Munich

1978, [3]1986, 404ff。

14. Berger, *Hermeneutik des Neuen Testaments*, Gütersloh 1988, 108ff；與其一樣，我贊成釋經與應用是有分別的。

15. 我認同 Jeanrond, *Text and Interpretation*, 66ff, 119f；Jeanrond, *Theological Hermeneutics*, 116ff。

16. 下文的概念來自 G. Theissen, "Methodenkonkurrenz und hermeneutischer Konflikt. Pluralismus in Exegese und Lektüre der Bibel," in *Pluralismus und Identität, VIII. Europäischer Theologenkongress Wien* 1993, Gütersloh 1995。

17. 經文鑑別進路由很多革新的方法所組成。其共同點是：全由語言學所啟發。Berger, *Exegese des Neuen Testaments*, 1977；W. Egger, *Methodenlehre zum Neuen Testament. Einführung in linguistische und historisch-kritische Methoden*, Freiburg, Basel and Vienna 1987, [3]1993；這些書給出一個科學化的調查，而這調查以文本語言學基礎，提供一個關於釋經方法的導介。O. Davidson, *The Narrative Jesus. A Semiotic Reading of Mark's Gospel*, Aarhus 1993；此書提供一個結構—符號學的方法（structuralist-semiotic methodology）。

18. 參見 E. Struthers-Malbon, "Narrative Criticism: How does the Story Mean?" in J. C. Anderson and S. D. Moore, *Mark and Method. New Approaches in Biblical Studies*, Minneapolis 1992, 23～49；R. M. Fowler, "Reader-Response Criticism: Figuring Mark's Reader," in J. C. Anderson and S. D. Moore (eds.), *Mark and Method. New Approaches in Biblical Studies*, Minneapolis 1992, 50～83。

19. 關於馬可福音，見 T. Vogt, *Angst und Identität im Markusevangelium. Ein text-psychologischer und sozialgeschichtlicher Beitrag*, NTOA 26, Freiburg and Göttingen 1993。

20. R. Hochschild, *Sozialgeschichtliche Exegese. Zur Entwicklung, Geschichte und Methodik einer neutestamentlichen Forschungsrichtung*, Heidelberg theological dissertation, 1993 (forthcoming)；此書提供一個社會學釋經的調查和檢視。

21. 在德國，社會宣道釋經由朔特羅夫（L. Schottroff）清楚說明；參見 L. Schottroff, *Befreiungserfahrungen. Studien zur Sozialgeschichte des Neuen Testaments*, ThB 82, Munich 1990；L. Schottroff and W. Stegemann, *Jesus von Nazareth – Hoffnung der Armen*, Stuttgart 1978, [2]1981。也參見 L. Schottroff and W. Stegemann (eds.), *Der Gott der kleinen Leute. Sozialgeschichtliche Auslegungen*, 2 vols., Munich and Gelnhausen 1979。

22. 參見 G. Theissen, *Psychological Aspects of Pauline Theology*, Edinburgh and Philadelphia 1987；K. Berger, *Historische Psychologie des Neuen Testaments*, SBS 146/7, Stuttgart 1991；A. Bucher, *Bibel-Psychologie. Pyschologische Zugänge zu den biblischen Texten*, Stuttgart, Berlin and Cologne 1992。Leiner, *Grundfragen einer textpsychologischen Exegese des Neuen Testaments*，此書是一個基礎研究。Vogt, *Angst und Identität im Markusevangelium*，此書提供心理學釋經。
23. E. Drewermann, *Tiefenpsychologie und Exegese*, I.2, Olten 1984/85。其中批評他的方案的有：G. Lüdemann, *Texte und Träume. Ein Gang durch das Markusevangelium in Auseinandersetzung mit Eugen Drewermann*, Bensheimer Hefte 71, Göttingen 1992；H. Raguse, *Psychoanalyse und biblische Interpretation. Eine Auseinandersetzung mit Eugen Drewermanns Auslegung der Johannes-Apokalypse*, Stuttgart, Berlin and Cologne 1993。以此，T. Callan, *Psychological Perspectives on the Life of Paul. An Application of the Methodology of Gerd Theissen*, Lewiston, Queenston and Lampeter 1990 中這書提出另一類心理分析的方法。
24. 里克爾（P. Ricoeur）的詮釋學主題是解釋的衝突（conflict of interpretation）：參見 P. Ricoeur, *Hermeneutik und Strukturalismus: Der Konflikt der Interpretationen* I, Munich 1973；P. Ricoeur, *Hermeneutik und Psychoanalyse: Der Konflikt der Interpretationen* II, Munich 1984。他討論這種解釋的衝突最重要是依據心理分析：P. Ricoeur, *Die Interpretation: Ein Versuch über Freud*, Frankurt 1974。
25. 這裏不是討論宗教上的社會學和心理學鑑別學的地方。參見我的嘗試：G. Theissen, *On Having a Critical Faith*, London and Philadelphia 1977。
26. Leiner, *Grundfragen einer textpsychologischen Exegese des Neuen Testaments*, 86ff, 153ff；這説明那些「對被神學接收的」心理學趨勢，本身也被心理學所抵制，也就是：「（1）心理主義（psychologism），代表單一個學科的整體主張，及打破有效知識的主張；（2）決定論（determinism），否認人類的自由；（3）客觀主義（objectivism），否認個人和主觀的經驗是在我們控制之外的和不能以語言重述的；（4）二元論，拒絕人類的一致性；及（5）未能注意經驗和行為的歷史性。」（頁 87）
27. 關於猶太基督徒對聖經的理解，見自一九八六年起出版的期刊 *Kirche und Israel, Neukirchener Theologische Zeitschrift*。摘要也參見 F. Mussner, *Tractate*

on the Jews, Philadelphia 1984，以及 P. von den Osten-Sacken, *Grundzüge einer Theologie im christlichjüdischen Gespräch*, Munich 1982。

28. 除註腳 21 所說關於德國的社會宣道釋經的代表之外，這裏也要提及在拉丁語系國家出現的「唯物釋經」（material exegesis），以及「拉丁美洲」釋經。參見 Berg, *Ein Wort wie Feuer*, 227～249, 373～300。除此以外，還有以安炳茂（B.-M. Ahn）作為代表的韓國民眾神學（Minjung theology）的釋經；參見 B.-M. Ahn, "Jesus und das Minjung im Markusevangelium," in J. Moltmann (ed.), *Minjung. Theologie des Volkes Gottes in Südkorea*, Neukirchen-Vluyn 1984, 110～132；以及 B.-M. Ahn, "Das Subjekt der Geschichte im Markusevangelium" in J. Moltmann (ed.), *Minjung. Theologie des Volkes Gottes in Südkorea*, Neukirchen-Vluyn 1984, 137～169。
29. 參見 Berg, *Ein Wort wie Feuer*, 250～272。E. Schüssler Fiorenza, *In Memory of Her. A Feminist Theological Reconstruction of Christian Origins*, Boston and London 1983；此書提供了一個摘要。一部我認為有說服力的著作是 M. Fander, *Die Stellung der Frau im Markusevangelium. Unter besonderer Berücksichtigung kultur – und religionsgeschichtlicher Hintergründe*, MthA 8, Altenberge 1989。
30. 參見 A. von Harnack, "Fifteen Questions to Those Among the Theologians Who Are contemptuous of the Scientific Theology," in James M. Robinson (ed.), *The Beginnings of Dialectical Theology*, Richmond, Va. 1986, 165～166；以及巴特的回應：K. Barth, "Correspondence with Adolf von Harnack, " in James M. Robinson (ed.), *The Beginnings of Dialectical Theology*, Richmond, Va. 1968, 165～190。
31. 參見 M. Dibelius, *From Tradition to Gospel*, reissued Cambridge, 1971, 8～34。
32. 參見 R. Bultmann, "New Testament and Mythology," (1941) in *New Testament and Mythology and Other Writings*, ed. Schubert M. Ogden, Philadelphia and London 1986, 1～44。
33. 兩個進路都是非常著名的，並在這書裏與其他進路作出對話：U. Luz (ed.), *Zankapfel Bibel. Eine Bibel – viele Zugänge*, Zurich 1992。
34. 參見 H. W. Dannowski, *Kompendium der Predigtlehre*, Gütersloh 1985, 17f。關於異化的媒介形式，見 Berg, *Ein Wort wie Feuer*, 366～385。S. Berg and H. K. Berg, *Biblische Texte verfremdet*, 12 vols., Stuttgart and Munich 1986ff；其中有

寶貴的建議。

35. 參見 Berg, *Ein Wort wie Feuer*, 167～195。這個術語獨特地連於此書：W. Wink, *Transforming Bible Study*, London and Nashville 1981；這部著作糅合了原型的心理學釋經和歷史鑑別方法和小組作業。H. Barth and T. Schramm, *Selbsterfahrung mit der Bibel. Ein Schlüssel zum Leben und Verstehen*, Munich and Göttingen 1977；此書對於選擇心理學進路上較為開放。專業釋經者採用新的實用釋經形式是一件好事，因為不但文本、讀者和羣體情況也被「闡述」（expounded）了。
36. 參見 G. M. Martin, "Bibliodrama," in W. Langer (ed.), *Handbuch der Bibelarbeit*, Munich 1987, 305～310。
37. 參見以下簡短說明：*Das Buch Gottes. Elf Zugänge zur Bibel. Ein Votum des Theologischen Ausschusses der Arnoldshainer Konferenz*, Neukirchen-Vluyn 1992, 120～134。這方面的代表作是 W. J. Hollenweger, *Konflikt in Korinth/Memoiren eines alten Mannes. Zwei narrative Exegesen*, Munich 1978, [6]1990。我的著作也是「敍事釋經」：G. Theissen, *The Shadow of the Galilean*, London and Philadelphia 1987。
38. 參見 Berg and Berg, *Biblische Texte verfremdet*。
39. 參見 G. Theissen, "Obstinate Prophecy. A Christmas Sermon on Isaiah 7.10～16," in G. Theissen, *The Open Door*, London and Minneapolis 1991, 1～23。
40. 參見 G. Theissen, "On Changing Human Beings and the World. A Bible Study on Mark 13.28～37; Luke 13.6～9," in G. Theissen, *The Open Door*, London and Minneapolis 1991, 67～78。
41. 參見 G. Theissen, "Cain and Abel. A Murder Trial Revisited (Genesis 4.1～16)" in G. Theissen, *The Open Door*, London and Minneapolis 1991, 1～9。
42. 參見 G. Theissen, "Ist die Kritik des Paulus am Gesetz antijüdisch? Eine Predigt zum Israelsonntag (Röm. 9.1～5, 9.30～10.4)," in G. Theissen, *Lichtspuren. Predigten und Bibelarbeiten*, Gütersloh 1994, 167～174。
43. G. Theissen, "Mourning at a Loss Faced with Mass Graves. A Sermon for a National Day of Mourning (Rom. 8.19～27)," in G. Theissen, *The Open Door*, London and Minneapolis 1991, 145～151.
44. 參見北萊茵蘭（Lower Rhineland）的格言：「最可怕的苦難是自作自受的苦難。」(The worst suffering is what people do to themselves) 收錄在 G. Theissen,

“ 'Ihr seid kein Dreck, ihr seid Samen!' Von der Weisheit meiner Grossmutter (Lukas 8.4～8),” in G. Theissen, *Lichtspuren. Predigten und Bibelarbeiten*, Gütersloh 1994, 139～146。

3

宣講作為與上帝對話的機會：宣講的神學向度

只不過是兩個世紀之前，日常生活和公共生活曾經充斥著關於對上帝的討論、上帝的說話和向上帝說的說話。宗教曾經是一項公共的事務，但時移世易，對於很多人來說，殘存的公民宗教（civil religion）是指前現代時期那已過時的事物。啟蒙運動的目標是要使宗教變成私人事情，而現在這已經得到實現；事實上宗教在很多範疇上都被壓制：宗教和相信上帝已由私人事情變成私隱，且是只與密友談及的私隱。在很多場合，談及性（sexuality）比談及上帝容易。[1] 這一切對講道有重大意義。講道成為惟一可以公開談及上帝的處境（且更經常只會談及關乎私人領域的事）。這個情況使講道有一個特別的任務和負擔，因為那些去聽道的人已準備好開放自己，去聆聽那介入內心對話的聲音，而這聲音在別的情況下是隱藏的：即與自己深入對話，並盼望上帝的說話會「介入」。

任何講道，都盼望使得上帝與人接觸成為可能。[2] 沒有這個盼望，講道就成了任意的講話，可以發生在別的地方、別的場合、對著另一羣聽眾。現今宣講的特徵是，這是一個講員和聽眾盼望可以與上帝接觸和對話的公共論述。（而使人有這種盼望的「私人」論述，則是一種牧養性的交談的其中一部分。）

這種與上帝對話的核心性盼望，其基礎不但來自聽眾的期望，更來自宗教記號系統本身。因為在與藝術和科學的記號對比之下，這種記號的特徵完全受制於記號與終極實在的關係。雖然很多其他因素都會影響這種記號——例如視之為「社會紐帶」或「帶來人際穩定性的工具」，以及傾向使傳統和建制得以維持——但這種記號最終不單單要設法成為人類生活所依賴的「附屬品」，反之這種記號嘗試使人類生活可以回答和回應上帝。宗教記號系統努力從這個核心性關注裏，組織起記號系統的所有元素。在前現代時期，宗教記號系統是以一種宏大系統來運作，包括社會的所有部分性系統（part-systems）：政治、經濟學、藝術和科學。在現代時期，宗教記號系統則個別地與這些自主的部分性系統競爭。

現代文化，除了實現了別的東西以外，也實現了一種自身的動態發展，即透過內在於文化的標準以組織起所有文化領域。經濟學變得如此有效，是因為經濟學冷靜地按照盈虧作出所有計算；科學興旺起來，因為科學只運用「對錯」的標準以及視知識完全先於所有願望和需要；藝術興旺起來，因為藝術明白自己是一個自主的創作領域，只負起審美標準的責任。我們在所有文化領域裏發現一種關於組織的自主性原則（autonomous principle）。關於爭取宗教的自主性，可見於現代世界兩個偉大的神學家：士來馬赫（F. Schleiermacher）和巴特。士來馬赫在無從推論的人類狀態裏，即在他們的絕對依賴感裏，發現宗教自主的組織性原則。巴特及其辯證神學，則在上帝的話語裏，即在上帝的自我揭示、啟示裏，發現宗教自主的組織性原則。[3] 兩個進路皆要求宗教（或信仰）的所有東西應該由其真正的「主體」（subject）來定義，而這種「測定」應該貫穿所有陳述。這對講道來說再正確不過，因為講道是要與終極的實在——即上帝——對話。

這種宣講的目的只能以機會（opportunity）和盼望來闡明，[4] 這種目的逃避有意圖的行為——即使講道全神貫注在這個目標、而因此要或多或少運用「適當的」語言學和智性的「方法」。我們可以比較兩種言語行為（speech act）的形式，儘管兩者皆有清晰的目的，但也只能透過一些無法控制的因素而達到目的：[5]

1. 第一，所有言語行為，均透過我衝著他人的自由意志來言說而產生作用，這包括任何真實的請求及任何愛的宣言。無論一篇愛的宣言表達得如何動聽，若沒有人聽見的話，就不能達到目的。同樣，無論一篇講道如何表達得當和慎思，其效果取決於聽眾的意向，這是講道者控制不來的。沒有講道者的聲音可以先驗地進入聽眾自身隱祕的內室，即他們那些作出各種人生決定的內室，也沒有聽眾能保證在講道者的說話裏聽到上帝的聲音。
2. 第二，我們可以比較美學語言。毫無疑問，藝術家的整個作品，包括風格、語言和概念，都是美學語言的一部分。然而，藝術品的成功是薈萃人、事、物的結果，這往往不受藝術家控制。「天才藝術家」的作品是「恩典」，儘管我們知道任何藝術品都蘊藏豐富的修養。[6]

講道處於愛的宣言和藝術品之間。我們可以計劃講道的言語，沒有規章的言語是不會成功的，但我們只能以不完整的方法來達到目的，因為沒有方法可以使上帝與人對話。講道是我們為一個不能計劃的事件而可以作出的計劃。

因此，宣講的特色，是徹底被「上帝」所約束的。宣講與上帝的關係，定義了宣講的內容與結構。而宣講的困難始於我們對「上帝」的理解已變得含糊不定。因此在思考講道時，我們也應當首先談及我們對上帝的理解。

現在我希望說明，即使在世俗裏，「上帝」怎樣匿名地臨在（present anonymously）於人與自己和與其他人的對話裏。

接著，會頗一致地處理宣講的神學任務：它嘗試使上帝臨在於人與自己和與其他人的對話裏。

最後，我將會就其結果，於宣講的形態（shaping）、其形象、內在張力和對話幾方面進行討論。

一 宣講如何嘗試進入對話？我們所指的「上帝」是甚麼意思？

我們都同意，苦難是我們最想藉上帝來加以理解的地方。這是神義論（theodicy）的地方，即嘗試在面對世界的邪惡時，證成上帝之義。[7] 只要我們把關於上帝的兩項概念放在一起，苦難就會成為難題：能力（power）和美善（goodness），即我們期望「上帝是有能力的」和「上帝是美善的」。當約伯作出控訴，說他雖然是義的卻仍遭受不幸時；當耶穌在十架上大聲喊著說「我的上帝，我的上帝，為甚麼離棄我？」時；當現代人用無辜兒童受苦作為拒絕上帝的理由時——那前提總是，上帝同時是有能力和美善的。我在這裏引用天主教宗教哲學家施培曼（R. Spaemann）的說話：[8]

在所有這些控訴、譴責和質問裏，有兩個要點被認為是在一起的，但在經驗裏這兩個要點只會有時候和意

> 外地走在一起，就是「上帝是美善的」和「上帝是有能力的」，而上帝在本質上兩者兼具。上帝若只有其中之一，控訴便會無效。若上帝只有美善卻軟弱無能，那麼我們就不能控訴上帝的另一面，因為上帝不能作出任何改變。若上帝只有能力，那麼控訴也變得沒有意義，因為上帝不會聆聽控訴。可是，這兩個情況所討論的上帝都是不正確的，但沒有這個概念，我們就思考不到上帝的概念。我們可以用功能對等（functional equivalents）的項目來取代。上帝被設想為只是「能力」、一盲目的能力，那或者只是「作為事實的性質或條件」（facticity）的體現、一種宗教衛道之再現及變相——即對事實究竟是怎樣的衛護，以及對我們「聽天由命」的衛護，又者或是對「按我們意向喜好來懲治對道德之輕蔑」的衛護……上帝被設想成只有意義，是軟弱無能的美善，並不同時作為真實性和所有存有的原則，祂只是道德觀念的同義詞，這個觀念只隨著人類而出現，也會隨著人類而消失，最後成為熱力學第二定律裏熵（entropy）的增加的犧牲品。

假如我們沿這字眼的解釋而行，我們便得出一套能適當地談及上帝的準則來了：上帝是存有與意義、實在與價值、能力與美善的統一。[9] 我們以否定的方式，在存有與意義的衝突裏經驗上帝；以肯定的方式，在存有與意義的符應性（correspondence）裏經驗上帝，就是當生命圓滿之時，我們可以說：「一切都是美好的。」

我幾乎已把「意義」（meaning）與「價值」（value）用作

同義詞。[10] 但任何人都可以對它們作出區分。在某事上尋找「意義」，就是去體驗並視之為承載著與我們的行為和經歷相關的信息。我們憑「感覺」可以辨認出有意義的東西。在某事上發現「價值」，就是去體驗並視之為一個我們的意志和活動所可能達到的目標。有價值的東西成為我們決定和行動的定向。價值和意義經常重疊，我們對兩者皆以喜悅來回應。我們經驗一些與我們的「感覺」和意志一致的東西。我們意識到我們與四周之實在有共鳴。

人們不一定感覺到他們裏面有上帝的臨在，他們都可以在生活裏認識到有價值和有意義的東西。世俗的意識和宗教的意識對相同的經驗有不同的解釋。兩者的分別在哪裏呢？有兩個分別我要強調：回應（response）的性質，以及一切意義及價值的經驗的終極性性質。

對於非宗教的人文主義，一切價值和意義一定是由人類創造的。人類首先把意義的火花帶進冰冷的世界。只有這樣，他們才能定下目標、決意完成目的、運用和把物質事物譯解（decipher）為記號。這就是人類的獨特性。相反，對於宗教的意識而言，所有人類創造的意義和價值，都是回應和回答一個現存圓滿的意義和價值。人類並沒有在一個沒有意義和價值的世界裏點燃起意義的火花，而是火花在他們裏面點燃。他們所創造的意義和價值，是對他們領受的意義和價值所作出的回應。所有意義和價值的經驗最初都是一個回應、一個回答。[11]

第二，這種給予的意義和價值有終極的性質。對於非宗教的人文主義而言，只有相對的「存有」和相對的「意義」。所有存有與意義的終極基礎都會崩潰，因為在推理過程裏，最終落入一個無限回歸、惡性循環或任意中斷的三元悖論。[12] 每個價值只有在與另一樣有價值的東西有關係時才有價值，每個意義要在更大的意義處境下才變得有意義。但我們一步步延伸的這些關係，不知怎地最後到達一個擺脱意義與價值的宇宙。同樣地，每個東西（entity）要在更闊的處境下才被實體化（substantiated），而這個更闊的處境， 不是被任意絕對化，就是在一連串無盡的、更闊的處境下被相對化，或是從循環論證所引證的東西衍生出來的。

相反，宗教的意識要回應存有與意義那終極統一（ultimate unity of being and meaning）的自然出現：世界上每個東西（entity）必須以別的東西作為基礎。但這不適用於上帝。上帝是上帝自己的基礎，也是萬物的基礎。任何意義與價值都指向別的東西，但上帝並不是這樣。上帝本身是有意義的和有價值的。上帝本身就是價值。假如人類有內在的價值，並且是自己的基礎，即有發展的自由，那麼在這一點上，他們就有上帝的形象。

經歷上帝為這位存有與意義的終極統一，這經歷可以比作人類的愛。在愛人面前，所有價值與意義的問題都會沉默無聲。答案已經出現。當前的世界以這愛人為中心，而任何與這愛人有關的東西都是好的。這愛人的價值就在於他或她自身之中。當我們戀愛時，我們都感受到一股力量，使我們甚至經得起生活裏存有與意義之間最大的矛盾，並積極去處理。

正如我所說，我們可以把經歷上帝與別的事情作類比。信心是一種存有的情慾（eroticism of being）：在信心裏，存在的奧祕成為一個神蹟，即一些本身有價值和有意義的東西。一個確定存有和生活的無限能力正發揮作用：自我本身成為意志的對象。自我本身成為價值，成為一種信息：「你和萬物的存在都是美好的。」

任何有內在意義和基礎的東西，都不能從別的東西推斷出來，而只能揭示自己，在揭示的過程裏，我們突然遇到一些自身有價值、有意義和有基礎的東西。[13] 這種自我揭示往往被經驗為對話的開始。因為我們在與其他人一起時才有類似的經驗，除非他們自身向我們揭示其本真的自我，否則本真的自我仍然向我們隱藏著。

因此經歷上帝的意思是：存有和意義、實在和價值那終極並有效的統一的那一自我揭示（self-disclosure）。藉著經歷上帝，我們從日常世界中被拉出來，因為在經歷上帝的時候，我們主要經歷存有與意義之間的張力。這種張力以兩種形式出現，我們可以借助陳述（indicative）與命令（imperative）之間的分別，以及隱藏的上帝（the hidden God）與顯明的上帝（the revealed God）之間的分別來理解。

在很多領域裏，我們認為我們有能力透過我們的行為，去減少或保存存有與意義之間的張力。在另一些領域裏，我們則不能依靠行為：這時我們只能盼望存有與意義之間是一致的。首先，在我們的責任領域裏，我們把存有與意義的統一理解為一個以命令形式出現的「信息」，即召喚去實現或維持那些有價值的東西。第二，在我們的責任領域以外，這個統一成為一個陳述的「信息」：即使沒有我們的努力，有價值的東西總是已經實現其自身，並且將會繼續實現其自身。因此存有與意義的統一那宗教的經歷，是以兩種形式來影響生命的：作為一個陳述，即「存有是美好的」（包括過去與未來）；以及作為命令，即「應然之美好」（the good should be；這個命令包含單數和複數：沒有人獨自面對這項命令）。

但在責任與信任的領域以外有一些黑暗範圍，使責任和信任遇到限制：不能避免的苦難雖然把我們的信心打個粉碎，但在這個領域裏，仍然有些隱藏的意義。存有與意義的鴻溝似乎就是結局。這就是經歷上帝的缺席（the absence of God），即經歷隱藏的上帝。因此基督教信仰傳統的一個關鍵主題，原是經常借助顯明的上帝，就是那個與祂的受造物一同受苦的上帝；也借助被釘十架的耶穌——其大聲喊著說：「我的上帝，我的上帝，為甚麼離棄我？」基督教信仰讓人有勇氣一再與基督同釘十架，為的是從無到有地被重新創造。

宣講的責任是打開與上帝對話的機會：一自我揭示的統一——那是關乎存有與意義的統一的那一種統一；而在我們生活裏那被經驗為一個陳述以及一個命令；那也是一隱藏與顯明的上帝。宣講可以開放存有與意義的經歷，使這些經歷成為可能：一方面經歷存有與意義之間的矛盾，這是進入控訴與譴責的對話的機會；而另一方面經歷存有與意義之間的一致性，這是進入一個感恩與頌讚的時刻。

二 上帝匿名地臨在於人類的對話裏

現在我希望提出，宣講可以抓住我們與自己和與其他人的內心對話，這種內心對話經常出現在所有人身上。這種對話不常是一個與上帝有意識的對話，但上帝卻匿名地臨在其中——以存有與意義的統一的問題這方式呈現。存有與意義、能力與美善之間的神義論衝突，也可以以世俗的形式來經歷：就像世界的、人類的和社會的義之證成（justification）的問題。

1. 世界的義之證成（宇宙義論）

我們經常把注意力集中於為我們所控制不了的事情尋找意義和價值。由我們的行為所定義的東西，我們是不會感到有問題的，因為我們就是為自己的行為賦予意義的那個人。但那些與我們的行為無關的東西又怎樣呢？這個不受我們控制的領域不是一個靜態的空間。所有現在的事情，若陷進舊事的泥沼，都是在我們控制以外的，即使那是我們自己決定的行為，我們甚至也不能再作出任何改變。惟一我們可以改變的，是我們的反應。但我們是否回應或如何回應，取決於我們是否在其中為我們的生活獲得一種「信息」，以及我們在其中發現到甚麼「價值」。

一個世俗的意識不會將「賦予意義給那些我們不能控制的東西」解釋為隱藏意義的發現，而是解釋為把意義加給那本身沒有意義或沒有既定意義的東西。因此我們把必須要面對的疾病或缺陷解釋為我們勇氣的「考驗」；把一份新工作或一段新的人際關係理解為「挑戰」和「任務」。但不是別人而是我們自己，強說這是考驗或給自己一項任務。但正正透過這種方式，我們發現自己是與自己對話，把我們控制不來的事件解釋為恩賜和任務、試煉和挑戰。宗教與世俗的意識之間的重要分別是，宗教的意識視隱喻——例如考驗、試煉、挑戰、恩賜和任務——為揭示實在的能力。宗教的意識明白到這些陳述的象徵性特點，但確信這些隱喻指向一些對照我們的東西，這些東西使我們在所有無法控制的事件裏尋找意義和價值。

因此，我們可以說宗教信仰賦予意義。宗教信仰按照「意義」的兩個基本隱喻來解釋世界：意義不是出現在有意義的「文本」裏，就是出現在有意義的「行為」裏。宗教信仰把世界解釋為好像是一部我們可以理解（至少一部分）的文本；或解釋為好像是一個行為的表達，透過這個行為，價值可以得以實現：但適用於所有隱喻的東西，在這裏也適用。隱喻刺激我們根據隱喻來看實在（reality），但隱喻所應許可看到的實在可到甚麼程度，則是開放的。惟一確定的是，差異必定存在。

宗教信仰無疑也嘗試把實在解釋為一種「文本」。但我們完全意識到，沒有人可以理解整部文本。我們懷疑它是否能恰當地被翻譯成我們的語言。無論如何，人類參與構成其意義：這是一部開放的文本。宗教信仰的關鍵，就是透過這部偉大「文本」的斷片（fragments）來與上帝對話。

同樣地，宗教信仰無疑把所有事件解釋為行為的意向。但宗教信仰知道，人類為之而努力的價值是否能實現，這是不確定的。救恩歷史不是一個使萬事指向一個目標的「計劃」；相反，萬事都留下了人類行為、人類責任和失敗的痕迹。生命猶如一場遊戲，參與者的行為是自由的。宗教信仰的關鍵是，人類應該透過參與這場遊戲而與上帝互動。

透過把萬事交給上帝，宗教替那些我們無法控制的事情賦予意義：世界被視作一部上帝所寫的文本；歷史是上帝使之發生的一連串行為。但這個宣稱也意味著，整部文本的意義是難以理解的；事實上，行為的整體意義是我們無法控制的。「耶和華說：我的意念非同你的們的意念；我的道路非同你們的道路。天怎樣高過地，照樣，我的道路高過你們的道路；我的意念高過你們的意念。」（賽五十五 8 及下）

宗教栽培著我們對無法控制之事的態度，[14] 由簡單的事實諸如我們自己的存在與整個世界的存在開始。宗教在這種存在裏發現「意義」（即與我們相關的信息）和價值（即我們行為的目標），使我們的生活有方向。我們總是問，事情是否有某種「信息」（或「意義」）。我們不斷問，究竟我們能否對一件事予以肯定，好像我們所意願的一樣。

2. 自我的義之證成（自我義論）

人類的內心對話首要集中於我們自己的自我義論（egodicy）；我們不只是生存，也常常要證成我們的生存，因為我們賦予意義之處有可能越軌，而我們的行為也會違反我們的價值。這種內心對話就是「良心」（conscience）的經歷。

良心的經歷在漫長的文化演變過程裏漸漸被深化。在城市文化裏的社會，需要愈來愈多的人類自我引導，也因此道德行為的各種形式像要求多多。另外，現代個人主義文化使人們面對自我實現的新命令：這一方面是自由的記號，另一方面則是面對這種新自由時所帶來的焦慮。最後，良心給自我一個特別的現代挑戰是：規範與價值似乎只是相對的東西。究竟是英雄行為或是罪行，那取決於我們個人行為和意志所被置於的處境，但沒有人可以控制他或她身處的歷史處境。最後，沒有人可以證成自己。

保羅已經發現上帝匿名地臨在於良心的衝突中。他假設每個人都有強烈的內心對話，由譴責與抗辯組成，加上良心作不朽壞的見證，成為我們生命的知識。但在羅馬書二章 14 節及下那段有關審判的內心過程裏，保羅懸空了一個角色：審判者的角色，這是上帝將會擔任的角色。

事實上，當在良心衝突中，我們在生命裏尋找存有與意義、存有與價值的統一之時，我們就已常常面對著上帝。根據宗教的自我理解，我們這樣做的時候，就是跟隨了心中那套預先安排好的程序，也即被稱為保存了上帝的形象，而上帝的形象本身就是存有與意義的統一。在所有受造物裏，惟獨人類有上帝的形象，因為只有人類為這存有與意義的統一而努力，亦只有人類在其失落這存有與意義的統一時感到疑惑。

3. 社會的義之證成（社會義論）

還有第三個原因，使所有人類都受存有與意義統一的問題推動：所有社會都要證成在生活裏已建立的機會分配。我們在所有社會裏發現權力、財富和教育有不公平的分配。所有社會都為了分配而出現持續的鬥爭。鬥爭出現在上層社會與下層社會之間，也出現在人民與社會之間。前現代時期嘗試用宗教信念，去證明那已成為歷史的分配結構是合法的，並使用同樣的宗教信念，去反對不公平的分配結構。現代時期發展出的政治信念體系——資本主義（capitalism）、共產主義（communism）和法西斯主義（fascism）——其中一些方面與宗教信念相同。

為甚麼我們有壓力要把社會狀況合法化呢？為甚麼人們要遊說人認同那已成為歷史的分配結構？是否只不過是因為假如社會得到人們的認可，就會運作順暢？因為他們希望保護自己免受反對？或者這種證成的壓力是否基於一項事實，就是每個人都代表一個內在的價值，而這個價值又不能完全代表其他人的價值呢？這一切都有實現生活裏存有與意義統一的任務。但在這個情況下，每個人（作為上帝的形象）都有相同的價值，並且事實上我們的生活是在損害其他人的生活，這一點是令人困擾的，而我們必須改變或辯護，因為這與一個信念有抵觸：就是所有人本身都是有價值的。

就每個人都有其價值、並代表一個存有與意義的終極統一而言，上帝也匿名地臨在於人生機會分配的合法性那社會性的討論裏。這產生強烈的義之證成的壓力（這證成是所有社會系統都要順從的）。因此，為人生機會分配而作的持續鬥爭，導致社會現狀的意識形態的合法化——或持續的「社會義論」（sociodicy）。

我簡單地總結一下：上帝是存有與意義的統一。人尋找這統一的地方，上帝就匿名地臨在：在世界、自我和社會的義之證成裏。在一個世俗的意識裏，宗教神義論，即存有與意義統一的問題，在不斷與自己和與其他人的對話裏，變成了宇宙義論（cosmodicy）、自我義論和社會義論。宣講的意思是把自己加進這個對話裏，為的是意識到上帝匿名地臨在於其中，以便與上帝對話。在這個對話裏，問題會不斷改變，關鍵是人類不需要用思想和行為來證成世界、自己和社會。宣講應許了義之證成是一份禮物。

三 宣講作為上帝的話語在人類對話中的介入

假如宣講的目的得以實現，就會像開啟一道明燈。我們發現自己的存在是「信息」和價值，其強烈程度我們只在愛慾的狀態裏才經歷到。我們發現自己是「有意義的」、「被想往的」和被肯定的——不只是一些關於我們的東西，而是我們本身就是中心，本身就是價值。而在宣講裏，提供這種經歷的卻不是一個人類的伴侶，而是一個支持所有存有的力量。這個信息是：「你的存在是美好的。」存在是美好的，不只是因為對於這個或那個目的來說是美好的，而是存在本身是美好的。而存在是美好的，不只是意想這個或那個人，而是意想一個獨立於所有人類的權威。

這個信息出現在我們經歷最深矛盾的時候：面對苦難與死亡、罪行與失敗、不公義與壓迫的時候，即面對存有與意義分割的時候。與這事實相反的是，上帝的話語在我們生命裏，闡明存有與意義的統一，點燃上帝的臨在。

但我們要怎樣想像這種臨在呢？上帝不是一客體（object）。我們可以用自我作為對照。這個自我也是永遠不會直接成為我們默想與反省的客體的事物。自我永遠不能全面地觀察自己，因為這需要自我從自身裏走出來。自我只能以某種「狀態」內住其中。然而，自我卻時常出現於我們的生命裏。

這個自我通常投向其他人和事，所以自我甚至不意識到自己。但在特殊的衝突情況和重大的人生抉擇下，這個自我就會為自己的身分而掙扎，並自背景出現——但不是作為其中一個客體，而是作為所有客體的事物的一個參考點，而它本身並非一客體的事物。上帝也以類似的方法與萬物和事件共同存在。只有在特殊的揭示情況下，上帝才會從匿名的臨在中出現，因而使我們注意到上帝。

這些揭示的情況是一極限中的經驗，即不是存有與意義的分割，以致我們在這個情況下意識到上帝的缺席；就是在存有與意義那難得的符應性被經驗中經歷上帝的臨在——在大自然之美、在信靠和愛的經驗裏。

上帝的話語就是能引發這種揭示的人類論述。上帝的話語沒有為生命引入任何新的客體：即「上帝」，而是帶出一個業已經常臨在的背景，這使接觸一個非客體的實在成為可能。

我會在這裏說明「上帝不是一客體」的意思。關於上帝是否存在的討論，其要點彷彿在於辨別兩個大盒子內的客體事物一樣：一方存放著所有存在的客體事物，而另一方則存放著不存在的客體事物。一般來說，高山、樹木、石頭，甚至牙痛、圓周率和物理定律，都被認為是存在的。被認為不存在的東西，包括正方的圓形、第五十個繞著地球轉的月亮、沒有衝突的社會等等。但當我們嘗試把東西分類，總會遇到困難。

假如我們希望把「上帝」歸類入其中一個盒子時，情況就更加困難。上帝不能歸類入這些盒子內，因為上帝不是一個與其他客體事物並排的客體，而是那個盒子本身——我們在那盒子內接觸所有存在的客體事物。上帝決定某事物存在與否；上帝是存有的奧祕；上帝是萬物的框架，而非這個框架內的東西。

只有在這包含一切非客體化的事物與事件的框架被經歷為意義與價值的情況下，即其對我們的理智有意義和對我們的意志有價值，「上帝」這個字才能被證成。

假如我們繼續使用上文的圖畫，我們可以說，存有被經歷為意義，就像這個「盒子」成為一個有圖畫的框架。圖畫的內容似乎是無價值的、沒有意義和微不足道的，但只要藝術家以一個框架圍繞這一客體，不論這一客體如何無價值，他或她將挑戰我們，在所有無價值、沒有意義和微不足道的事情裏尋找意義。上帝就像一位現代的藝術家。祂間接透過一個充滿荒謬、醜陋和無價值的世界說話。上帝匿名地臨在於世界。宗教信仰感覺到，在這裏有一些重要的東西要自我揭示。所有宣講都應該開啟我們的眼睛，以一個框架去看萬事，並讓當中的東西被經驗為重要。

事情不但如此：上帝也是存有與價值的統一。我再一次修改我們開始時的圖畫：我們在圖畫裏所遇到的那些存有的盒子，也可以變換成舞台結構，變成世界的戲劇，我們在其中看見自己的角色，成為正式的演員。講道應該教導我們視實在為一齣戲，我們在其中活出所承擔的角色及活出我們所確信的價值。

因此當宣講闡明上帝作為存有與意義的統一時，宣講就成了上帝的話語。但這是如何發生的呢？基督教的宣講依靠經文，經文經常成為上帝給我們的話語，也就是，經文裏面有一種潛力，調整我們對實在的理解，以致我們在其中發覺上帝隱藏的臨在，或視上帝的缺席為損失和痛苦。

我要在這裏說明一下。我們都知悉完形心理學家（Gestalt psychologists）用來說明我們的感知是一個活躍過程的那些圖畫。透過倒轉圖畫裏的圖形和背景，我們時而看到一隻高腳酒杯，時而看到兩張彼此對望的臉；時而看到一位年老婦女，時而看到一位年輕女士。或在混亂的線條中，我們發現一個隱藏的人物描繪。以帶領我們的感知的那些預期（anticipations）為基礎，一切在乎我們怎樣把材料組織和重組。經文裏有大量這樣的預期：聖經信仰那些基本主題讓我們在實在裏發現一些新東西。例如根據智慧的主題，我們發現在世界中——對很多人來說，世界只是粒子與電磁場的混合物，被建立在可以用數學計算的規律性之上——的至上理性，而我們人類對此之理解，只是一個弱小的回響。在實在這幅錯綜複雜的圖畫裏，我們可以發現一個向人說話的能力，這個能力要人們承擔義務，也讓人們得到安全感。[15]

假如人類經常與自己和與其他人對話，以致從實在裏獲得意義和價值，那麼宣講就是透過把上帝帶進這個對話，而對這個對話進行重組。假如宣講闡明人類尋找卻尋不見存有與價值的統一，即假如在實在裏容許人經驗到隱藏的信息和經驗到價值，那麼宣講就成為上帝的話語。上帝在人類的內心對話裏那匿名的臨在，變成了上帝有意識的臨在。這是我們有能力反抗我們所忍受那存有與意義的矛盾的基礎，也是我們有義務減少這矛盾的基礎——在可行的人類行動裏。

四 宣講的形態的結果

因此宣講的目的是要使上帝臨在於人類的內在對話裏——上帝作為一存有的統一，祂不是客體，而是以位格的方式揭示自己；但宣講卻又不能被推論為終極有效之事物：只有當宣講的形態是由這個宣講目的產生時，這形態才會令人信服。我們可以辨別出四種講道形態的結果。首先，宣講需要特別的**講道的意象**（homiletical imagery），因為只有採用意象的論述，才能結合存有與意義，並呈現一個非客體的事物。第二，宣講需要**講道的敘事結構**（homiletical narrative structure），因為惟有這樣，存有與意義、陳述與命令、隱藏的上帝與顯明的上帝之間的張力，才可以被描述出來而不會否認難題（aporias）仍然存在。第三，宣講需要特別的**講道的張力**（homiletical tension），這種張力出自那貫穿我們所有反省的存有與意義之間的張力。第四，宣講需要**講道的對話**（homiletical dialogue）；假如存有與意義的終極統一只由自我揭示產生，那麼我們只能向這統一説話：我們需要指稱這統一。講道的意象、敍事結構、張力與對話，都是從宣講而出。我現在要證明這點。

1. 講道的意象

一篇沒有意象和象徵的講道是達不到目標的。意象和象徵不只是向抽象概念難以到達的、人們最深處的地方說話。意象和象徵不只是工具，去傳遞一個即使沒有意象和象徵也可以傳遞的內容。相反，意象和象徵的內在結構在兩個特徵上與宣講一致：

（1）圖像語言談及開放的指涉對象。意象不只是指出一些已知的東西，而是挑戰我們在一些已知的東西裏尋找未知的東西。意象是語義的中斷，把我們的注意力帶到一些新的事情上。例如「存有之家」（house of being）的隱喻，它同時表達了存有是一個家和不是一個家。存有在甚麼程度上是一個家，這一點是仍然開放的。那些被隱喻所指向的對象，必須並可以自身把那開放的程度尋找出來。存有之家這個隱喻肯定涉及存有的結構，暗示我們要在其中尋找秩序、穩定性和不大可能之事。這個隱喻所打發我們去尋找的結果，是開放的。

（2）此外，圖像語言的特色是結合了存有與意義。圖像語言包括：在語義上指涉對象，以及呼召我們在其中找到意義與價值。假如我們要找到實在的意義與價值，我們總是使用圖像語言來表達。存有之家的隱喻並不只是談及在實在裏有秩序的和穩定的結構，也表達了情感和價值。我們在家裏會感覺自在。在家裏我們找到一切生活的必需品。家給我們安全感，但我們在家裏也會找到其他居住者，我們需要與他們一同生活，而他們不都是容易相處的。

隱喻和象徵無疑特別適合指出，實在不是以客體的方式出現，而其中的存有與意義是以統一的方式出現。在講道裏，我們只能以隱喻來談及：上帝是存有與意義的統一，而不是客體。因此我們必須把所有上帝的形象收集、描述、發展，並創造新的形象，這將遠遠超越嚴格之系統神學認為是可接納的東西。關於上帝那些出現於講道中的意象，也許是片面的，因為這些意象在大量意象互相補足的情況下才會有效。上帝是太陽和光、溫暖和空氣。上帝是倫理的能量和遍及所有實在的意義與價值磁場。上帝是存有的高度和深度。上帝是萬物的中心和宇宙的核心。上帝是實在的整個系統，是生命之流和存有之海。[16]

但不只是在談及上帝或關於上帝的事時，才需要講道的圖像性語言。在關於世界、自我和社會的內在對話中，任何宣講都有其價值，這需要意象去談及上述這些東西。

整個宇宙都可以以意象來覆蓋。宇宙真的是一個「存有之家」嗎？我們是宇宙的兒女嗎？還是宇宙的流浪者，在細小的星球上定居，像一微不足道的現象？或者，宇宙是不是一個巨大曠野，我們的地球就是其邊緣上的細小綠洲上的花朵？[17] 這些關乎宇宙的意象往往為上帝留下一個「真空區」。假如存有是一個「家」，那麼誰是管家？誰是家主？假如我們是宇宙的兒女，那麼在整個系統中甚麼東西「像父親」或「像母親」？

與個人生命有關的圖畫也是一樣。生命也一樣，我們以意象來領會生命，比以抽象概念來領會生命更為容易。生命是一齣大戲劇，但由誰來編寫？誰來欣賞？生命是一個大旅程，但誰為船掌舵？生命是一場大考試，但誰來打分數？[18]

當然我們也以意象談及社會。我們真的是一個大家庭嗎？這個家庭的分裂不是由於兄弟之爭，像該隱與亞伯的故事所描述的嗎？我們不像一大羣猿人，當中以打鬥來建立階級嗎？如此類推。[19]

再一次：意象與象徵並不是講道裏的裝飾物，而是本質的一部分。在很多講道裏，意象的貧乏是對宣講的冒犯。

2. 講道的敍事結構

除了意象以外，故事是讓宣講變得生動的最重要方法。[20] 沒有講道可以沒有意象和故事。但「講道的敍事結構」不只是在講道裏有敍事例子或比喻，[21] 而是指一個從講道的本質本身而出的敍事結構。所有經文都位於一個應大的敍事框架內，而這框架則來自新舊約這一套兩部的正典。聖經敍事見證著上帝與人之間的歷史。講道的目標就是要延續這個對話。上帝在這裏以矛盾——即存有與意義、陳述與命令之間的張力、也作為隱藏與顯明的上帝——與我們相遇。我們不能以一套沒有矛盾的理論來解決這些矛盾，而是必須把這些矛盾並排作為補充陳述。[22] 對這種補充陳述作敍事描述，事實上是必須的，因為一個敍事在歷時性之下可以被描寫成一個統一，但當這個敍事放在共時性之下以及並置之時，就會全然矛盾。即使講道必須涉及矛盾的東西，即使講道要說明，上帝同時是隱藏的和顯明的、內蘊的和超越的、有恩典和能力的、位格的和超越位格的（trans-personal），講道也往往以敍事開始，在其中隱藏性和顯明性、內蘊性和超越性、能力和美善，將變成其自然結果。聖經記號世界的基本結構是徹頭徹尾的敍事，而敍事會抑制神學陳述裏那些無可避免的矛盾。

我以存有與意義之間的基本矛盾作為開始。早於主後二世紀，馬吉安（Marcion）[23] 認為這個矛盾非常重要，以致他相信有兩位上帝存在：一位上帝負責維持事物的狀態，是舊約那位懷怒施報的創造主上帝，而另一位則是愛和福音的上帝：這位上帝使意義和價值在一個荒謬的世界裏得到實現。因此對於他來說，舊約和新約的著作不可能屬於同一個基本的宗教敍事。因此他創作了一套只包含新約書卷的正典，並甚至刪除一切令人想起舊約的上帝的東西。里昂的愛任紐（Irenaeus of Lyons）首先有力地以他的救恩歷史的神學來回應馬吉安。[24] 他把創造與拯救之間的對比，編入一個全面的敍事裏。救恩被理解為墮落後對創造的恢復和圓滿。創造主上帝藉著成為人而成為拯救者，以致人類可以完全實現他們那上帝的形象。一個戲劇性的救恩歷史敘事，描述了創造的原意如何在一切阻力下最終達致圓滿。愛任紐以這種方式把存有與意義、創造與拯救之間的補充性關係，結合成一個敘事性的統一（narrative unity）。他不用否認創造與拯救之間的張力，相反，這成為一個關於救恩歷史的敘事的基本主題。他正正以這種方式，為新舊約這一套兩部的正典，提供一個有說服力的神學基礎。

在新教裏，陳述與命令之間的張力經常被律法與福音之間的對比絕對化。新教徒被一個概念所吸引：就是上帝的話語全然自由地在人的內在領域裏作工。上帝的話語改變人們，以致他們不用律法——即律法作為外來的社會控制、內心憂慮審判的源頭和對重生者的命令——的帶領都能自然地行善。因此新教徒有時候夢想一種徹底的內在無政府狀態，[25] 也就是人類內心不再受任何宰制，而律法再不能進駐人類內心。因此，新教有一段長時間不能把律法體驗為恩典，而猶太教則消極地被視為受律法控制的生活方式。我們在陳述內聽不到當有的命令。律法與福音的對立卻可以被對敘事神學這新的敏感性所凌駕：[26]「從埃及得釋放」比「西乃頒布律法」，更先成為陳述。首次頒布律法，在面對人類的罪上失敗了。圍著金牛犢跳舞，就是拒絕十誡。然而上帝重申祂的律法。結果，律法就先驗地成為轉離上帝的人的恩典。頒布律法是神聖憐憫的行動。西乃的基本敘事可以確立在陳述裏的命令，這比任何抽象地重新定義律法與福音的關係更好。

敘事形式較一般理論更貼切地呈現隱藏的上帝與顯明的上帝之間的張力：約伯的故事、耶利米哀歌及客西馬尼的敘事，較諸任何抽象的神義論，是於「上帝之幽暗」（darkness of God）之時的更佳指引。

當然神學必須忠實地以一般陳述來總結敘事內的智慧，並使之系統化，然後成為補充陳述，並在宏大理論裏說明為何這樣的補充陳述是必須的。[27] 但不依靠聖經敍事傳統的一般神學陳述，將有被誤解的可能。只有在聖經敍事的處境裏，我們才清楚知道，這位創造主上帝同時也是領人出埃及的上帝——祂使人得自由。是敍事處境首先使模棱兩可的神學陳述變得清晰。

3. 講道的張力

也許人們普遍同意講道有需要引起人的注意，因為即使是那些有心聽道的人，也經常要忍受沉悶的講道。我們有很多合法的方法以達到這個目的，例如我們可以說一個故事，並把結局留待講道完結時才揭曉。或者我們可以故意略微談到避諱的東西，以致會眾屏息以待：他或她真的會說如此這般的東西嗎？（在獨裁政治裏，即使是稍微偏離了官方意識形態的東西，也能使聽眾豎起耳朵。）或者他們可以揭露自己一件私隱，就可以引起人性的好奇心，想知道講道者的內心和隱藏的一面。或者我們可以提出一些問題，驅使人們問：「答案是甚麼？」這一切都是合法的，而且往往是必須的。但這些不是來自講道本質的必然張力。

每篇能成功地引起人注意的講道，其引起張力的所有策略都與一個基本的張力有關，那就是存有與意義之間的張力。我們痛苦地經歷這兩者的分裂。這種分割使人們不斷與自己的內心對話。一篇好的講道，其內在張力是由這種張力衍生出來的。假如存有與意義之間的矛盾不被深入地說明，那麼存有與意義的統一，也不能被理解為不大可能發生的一樁神蹟。

這種對特定的講道張力的要求，不代表我們必須在每篇講道開始時，如變戲法般帶出存有與意義之間的矛盾，以顯示一個解決方法——即阿基米德支點式（Archimedian point）的存有與意義的統一。當然一篇講道可以以這種方法構成，但也可以有別的結構。我們也可以以一句經歷存有與意義統一的有力陳述作為開始，然後帶出生命深淵的深不可測。確實，只有我們緊抓著崖邊，我們才會冒險看一看深淵。

矛盾的經歷和一致的經歷在講道的張力裏是不需要勻稱的，彷彿兩者一樣重要，並也許需要一樣的討論時間。很多時，幾個關鍵字就足以概述人們內心對話中那感動和折磨的地方；很多時，短短幾句就足以傳遞一個不合理的「平安」經歷。相反，講道所需要的，是由其主旨所提供的張力：存有與意義、實在與價值、能力與美善之間的張力。

這種張力以不同的形式出現。關於過去，我們一方面思考我們所經歷的苦難，這些苦難不是源於我們的過錯，而我們的反應是抗議和控告；另一方面，我們也需要思考因我們的罪——包括向別人和向自己所犯的罪——而來的苦難，這需要寬恕和更新。假如所有講道只著重片面的苦難或片面的罪，講道的張力就會消失。

關於未來也一樣，無論我們對未來的籌算有怎樣大的能力，我們的恐懼與焦慮都是集中於我們控制以外的東西。我們意識到時光的洪流帶著我們前往我們所不想去的地方：邁向死亡。而我們與所有活物一樣，都要經歷這個結局（只有暴力的形式的、或未被代贖的死亡，才被視為罪行）。但關於未來，也有一種關於存有與意義之間矛盾的經歷，是與過往經歷過的罪疚符應的：為了我們在面對挑戰時失敗而感到焦慮——不管這是集體的失敗（例如面對生態危機時）、還是個人在計劃生命的事上的失敗。關於未來，我們也沒有理由在某方向減少講道的張力——除非有一種表達，能同時表達：因外在因素不能掌握而對未來產生的恐懼，以及因好些決定性因素能受我們影響而要承擔的責任。

但真正的矛盾經歷是存有與意義之間的矛盾經歷。我們常常依賴過去有意義的經歷：別人的信任、我們器官對感官世界的適應、宇宙那可以理解的結構。而在個人生活層面上，我們不斷經歷緊張的時刻，而在這些緊張的時刻裏我們感到一些有自身價值的東西——尤其在愛慾的吸引裏、在工作成就裏或在深切的理解裏。所有這些經歷都象徵著那超越這些短暫時刻的存有與意義的終極統一：上帝的象徵。因此，上述這些經歷——即經驗到自我價值的時刻的這種體驗——藉著宗教意識經驗為「上帝的自我揭示」，這兩者是一致的。

無論如何，講道的任務是要以存有與意義之間那確實的統一經歷去抑制其矛盾經歷。講道努力闡明這作為上帝臨在的統一——即或與事實相反。這種對存有與意義之統一的闡明，起初是一項純粹陳述：[28] 那些犯罪的人仍然有被接納的應許，儘管他們有罪和失敗。受害者被應許得安慰，不但帶來所有積極的、與現實相反經歷，而且也應許上帝在苦難裏弔詭地臨在。那些恐懼的和因憂慮失敗而受到折磨的人，被應許得著勇氣。

假如存有與意義之間的張力在基本的基督教故事裏沒有得到解決的話，我們就不可能解決存有與意義之間那基本的講道的張力；我們不是要這種張力不再存在，而是在這張力下能使有意義的生命成為可能。神義論那些重要的問題，如果在世俗的意識裏仍然繼續以世界、自我和社會的義之證成的方式被銘刻著，這些問題在理論上是不能解決的。但這些問題可以以作耶穌的門徒而被活出來。即使上帝要受難受死，這種受難和受死也不妨礙存有與意義的終極統一。[29] 假如上帝臨在於負面的、荒謬的和痛苦的經歷裏，正如在正面的生活經歷裏一樣，那麼與上帝所立的約——與存有本身所立的約——也可以經受得住危機和災難。我不需要在這裏清楚說明，基督論為甚麼和怎樣解決基本講道的張力。我只想說明的是，任何人在宣講裏將這個基本張力減到最少，為死亡、苦難和罪的深淵、不義和壓迫的深淵加以開脱，那人就常常把對拿撒勒人耶穌這個基督教基本故事的依靠，視為一個沒有推動力的「基督論的」附屬品，而不是永遠地和可靠地闡明存有與意義的統一的中心。[30]

4. 講道的對話

任何講道都是向其他人説話，其基礎結構是對話，即使以獨白的形式呈現。在整個崇拜框架裏，講道被建立在一個嚴格的儀式對話之內，這包括詩歌、禱告和信經。令人滿意的是，在講道的時候，也可以有慣常的對話元素如笑聲、拍掌和低語，以表明講道嘗試打開對話。這是講道與講學的分別。講學完全專注於一個主題，並依照其主題的內在需要而把主題展示出來。在講學裏，演説這形式完全退居幕後，而「我—它」（I-It）的關係成為主導。講學的長處是實事求是以及其對主題的處理方法（即使講學只有很少對話元素）。相反，在一篇講道裏，一切都關乎人與人之間的關係、並最終一切都被塑造成演説，如哀求、懇求、請求。一切都旨在打動聽眾、使他們開放、給他們定向和改變他們。即使以實事求是的方式發展問題，這也是一樣，因為論點和概念也能使人們對一個主題開放——但無論怎樣，講道終究是演説、呼召、呼籲。

在這裏同樣重要的是，這個對話結構要出自宣講本身的本質，因為宣講設法成為一個論述，以提供與上帝對話的機會。最終，宣講設法使以位格性的表述向上帝説話和回應上帝成為可能。

當然我們也可以講一些關於「上帝」的課。在這些講學裏，假如我們可以從世界、意識或社會結構，推斷出存有與意義的終極統一，我們也許就可以明確地陳述上帝。假如一個邏輯嚴謹的形式可以揭示上帝，哲學講課就會是一個與上帝接觸的適當方法。但我們的哲學狀況（至少是我的哲學狀況）不只是以哲學的方式澄清上帝的概念，也包括推翻所有從世界、自我和社會而來的對上帝的推論。但那表示，哲學反省集中於展示這種失敗的原因，以及也許解釋為甚麼人們仍然繼續接納哲學反省。這個失敗，事實上是有啟發性的，它說明了經歷上帝，是經歷著一些自身有其基礎、意義和價值的東西被揭示，而這自我揭示的方法，就像人與人相遇時揭示自己一樣。人類最終藉著自己的說話揭示自己。

假如講道是一個與上帝對話的機會，那麼它就有必要成為演說（address）。講道，與愛的宣言、一個請求、一個呼召、一個呼籲一樣，必須要以語言的形式表達。因此在關鍵時刻，講道會不斷從實事求是的說明，轉到直接演說。

很多講道都沒有意象和敍事結構、沒有內在張力和演說的元素。但假如這一切不是從講道的真正本質而來——即使存有與意義的終極統一臨在於人類與自己及與其他人的對話裏——這一切都不能達到目的。而惟有這樣，宣講才能使聖經記號再次在今天活躍起來。因為在這記號語言裏，一切都指向一個中心——一個引導和組織所有聖經基本主題、並貫穿所有意象和敍事的中心信念。這個中心就是相信獨一的上帝。只要信仰的記號語言活躍，就能幫助人與上帝接觸。

註釋：

1. H. Benesch, "Und wenn ich wüsste, dass morgen die Welt unterginge...," *Zur Psychologie der Weltanschauungen*, Weinheim and Basel 1984, 17ff；這裏提出了

一個非常令人印象深刻的描述，解釋為甚麼我們要保護私人的屬靈領域。

2. 上帝與人接觸的條件可以從兩方面加以描述：雙方都尋求這個接觸。巴特把宣講理解為「教會的服事」（service of the church），這服事是為上帝的話語而作的，而巴特從兩方面為這服事下定義：（1）「這項服事……只能在於引發專注、尊重和客觀理解上帝自己的話語」；及（2）「宣講是向那些尋求上帝的人和只能尋求上帝的人説話。」（K. Barth, "Menschenwort und Gotteswort in der christlichen Predigt," *ZZ* 3, 1925, 103, 106.）

3. 我的看法是，把「辯證神學」的歷史處境視為反現代性的復興運動是不正確的。爭取宗教的自主性是現代的特色，但不是辯證神學家所獨有。在講道學裏，辯證神學引致一個片面的概念。W. Engemann, *Semiotische Homiletik*, THLI 5, Tübingen and Basel 1993, 142ff；這裏正確地把這個概念批評為三重講道神話學（threefold homiletic mythology），就是講道者的不可缺少性、信息的獨立性和聽眾的不負責任性。但正正從一個符號學的立場來看，我們要承認，假如我們視宗教為一個自我組織的記號系統，當中由一個自主的中心定義一切的話，那麼談論上帝的話語才有意義。「上帝的話語」可以被視為這個自主性的中心。但我們不要忘記一件事，就是記號系統是由人類的解釋活動所塑造的，而這些記號系統是涉及與周遭世界互動的「開放的系統」。

4. 當巴特以兩種方法定義宣講時，他超越這樣的一種「盼望」；這兩種方法是：（1）宣講作為上帝的話語，和（2）宣講把經文解釋為「一個他們（即人類）從上帝本身所聽到的宣告」（K. Barth, *Homiletik. Wesen und Vorbereitung der Predigt*, Zurich 1966, 30）。一個宣告遠多於一個盼望，即使宣告不是關乎人類想聽的，而是關乎他們應該聽的。

5. 假如在詮釋學裏，我們要區分理解和同意，那麼在講道學裏，我們也要區分「成功」和「有影響力」的講道。參見 H. W. Dannowski, *Kompendium der Predigtlehre*, Gütersloh 1985, 124：「當會眾理解講道者所關注的是甚麼的時候，這就是成功的講道……當會眾也在內心認同這個關注時，這就是有影響力的溝通。」

6. 在這裏，我沿用此書的觀念：A. Grözinger, *Praktische Theologie und Ästhetik*, Munich 1987, ²1991。

7. 關於神義論的問題，參見 W. Sparn, *Leiden – Erfahrung und Denken. Materialen zum Theodizeeproblem*, ThB 67, Munich 1980。宗教致力於神義論的問題，但

不提供任何智性的解答。H. Lübbe, *Religion nach der Aufklärung*, Graz, Vienna and Cologne 1986, 195～206；此書大概是正確的，盧比（H. Lübbe）認為，假如我們可以以一個理論式的論點來解決神義論的問題，那麼宗教作為一個應付偶發性（contingency）的方法，它卻成為多餘的。

8. R. Spaemann, "Die Frage nach der Bedeutung des Wortes 'Gott'," in R. Spaemann, *Einsprüche. Christliche Reden*, Einsiedeln 1977, 1～35。施培曼（R. Spaemann）以上帝的概念的定義，認同一個較古老的傳統，就是把「聖潔」（holy）定義為實在與價值的統一。參見 J. Hessen, *Religionsphilosophie*, Vol.2, Munich and Basel [2]1955, 96ff。
9. 這個「定義」是故意廣闊的，以致可以包含上帝的不同概念。田立克（P. Tillich）在《系統神學》（*Systematic Theology*）第一冊裏，表達他對上帝的理解受兩個神學陳述的標準所影響：（1）「只有當那些命題的對象是我們終極關懷的東西，那命題才是神學命題」（頁 12）；（2）「只有那些命題的對象是關乎我們存有與非存有的事情，那命題才是神學命題」（頁 14）。我們假定，田立克經常宣稱上帝本身就是存有，但實際上他已常常把意義與價值加在這個存有身上。這種張力已被包括在任何對上帝「更天真些」的理解裏。在傳統聖經神學的語言裏，上帝被理解為如創造者和拯救者。
10. G. Sauter, *Was heisst nach Sinn fragen?* Munich 1982；我知道其反對神學上使用關於意義的概念。行為的意義與文本的意義，能否被轉移到一個不是源自人類行為或人類言語的處境嗎？但他的結論正包含這種轉移：關於意義一個合法的神學問題，是由認知的無知（knowing ignorance）所模塑的，「透過知識，世界不會沉默地圍著自己轉，而是在其中，它可以認識到那支撐和維持它的東西——上帝所作的創造活動」（頁 169）。
11. 參見 G. Theissen, "L'herméneutique biblique et la recherche de la vérité religieuse," *RThP* 122, 1990, 485～503。
12. 參見 H. Albert, *Traktat über kritische Vernunft*, Tübingen 1968, [4]1980；T. Mahlmann, "Kritischer Rationalismus" *TRE* 20, 1990, 97～121, esp. 105。
13. 參見 I. T. Ramsey, *Religious Language. An Empirical Placing of Theological Phrases*, London 1975, reissued 1982, "disclosure situations"。
14. 因而 Lübbe, "Religion ist 'Kultur des Verhaltens zum Unverfügbaren'," 324。
15. 這種重組經歷，特別參見 H. Sunden, *Gott erfahren. Das Rollenangebot der*

Religionen, GTB 98, Gütersloh 1975，以及第二章「心理學及神學所啟發的信仰」（"faith as illuminated by psychology and theology," 29～58）。

16. 參見尤其 S. McFague, *Metaphorical Theology. Models of God in Religious Language*, Philadelphia and London 1982；S. McFague, *Models of God. Theology for an Ecological, Nuclear Age*, Philadelphia and London 1987。她在這部書裏為上帝的模型發展出三個隱喻：上帝作為母親、愛人和朋友。
17. 參見本書宣講例子五。
18. 參見 G. Theissen, "Ist die Kritik des Paulus am Gesetz antijüdish? Eine Predigt zum Israel-Sonntag," in G. Theissen, *Lichtspuren. Predigten und Bibelarbeiten*, Gütersloh 1994, 167～174。
19. 參見 G. Theissen, " 'Wir Menschen sollten mehr als Affen sein!' Eine antiautoritäre Predigt (Mark 10.35～45)," in G. Theissen, *Lichtspuren. Predigten und Bibelarbeiten*, Gütersloh 1994, 132～138。
20. K. Meyer zu Uptrup, *Gestalthomiletik. Wie wir heute predigen können*, Stuttgart 1986, 135ff；這為講道學運用敍事文本和結構，提供一個有系統的討論。
21. 參見 W. M. Hoffsümmer, *Kurzgeschichten. Kurzgeschichten für Gottesdientst, Schule und Gruppe*, 4 vols., Mainz 1981～1991。
22. 參見 H. Reich, "Kann Denken im Komplementarität die religiöse Entwicklung im Erwachsenenalter fördern? Überlegungen am Beispiel der Lehrformel von Chalkedon und weiterer theologischer Paradoxe," in M. Böhnke, K. H. Reich, L. Rivez (eds.), *Erwachsen im Glauben*, Stuttgart, Berlin and Cologne 1992, esp. 147f；這關於神義論的問題。
23. B. Aland, "Marcion/Marcioniten," *TRE* 22, 1992, 89～101。當然，舊約的上帝於其自身，就是存有與意義的「綜合」（synthesis），因為公義是一項價值，但他主要看到世界的實際形式。
24. H.-J. Jaschke, "Irenänus von Lyon" *TRE* 16, 1987, 258～268.
25. F. W. Garf and K. Tanner, "Protestantische Staatsgesinnung. Zwischen Innerlichkeitsanarchie und Obrigkeitshörigkeit," *EvKom* 20, 1987, 699～704；我採用其術語，但作者說明內在無政府主義傾向的方法，不是透過律法的教義，而是透過兩個國度的教義。
26. 參見 F. Crüsemann, *Die Tora. Theologie und Sozialgeschichte des alttestamentlichen Gesetzes*, Munich 1992。

27. 參見 D. Ritschl and H. O. Jones, *'Story' als Rohmaterial der Theologie*, THE 192, Munich 1976。

28. O. Fuchs, *Von Gott predigen*, Gütersloh 1984；它的一個關注，是要恢復「福音的陳述」（頁 9），以代替很多講道裏強烈的倫理色彩。因此他給其對宣講的反省命題為「對陳述講道的反省」（'reflections on an indicative homiletic'；頁 9 及下）。

29. 參見 R. Spaemann, "Über den Sinn des Leidens," in R. Spaemann, *Einsprüche. Christliche Reden*, Einsiedeln 1977, 116～133。

30. 在本書的宣講例子中，有兩篇是完全以實在與價值之間的衝突為主的；傑姆敦在為全國哀悼日所講、關於馬太福音二十五章 31 至 46 節的講道（宣講例子二）裏，說明這種在社會經歷裏的衝突；而他以馬可福音十三章 31 至 37 節來紀念逝世者的講道（宣講例子三），則以個人經歷死亡與哀悼為主。

4
宣講作為傳遞生命定向的機會：宣講的存在向度

任何宣講都會進入與世界、社會和個人生命的對話中，從而讓上帝臨在於其中。宣講旨在提升生命，也就是為生命定向和改變生命。在新約，最大的提升稱為「永生」。約翰福音十七章 3 節提出這定義：「認識你──獨一的真神，並且認識你所差來的耶穌基督，這就是永生。」這裏的生命提升是上帝在人類生命裏的臨在，這是透過對上帝的「知識」──或更貼切一點：是透過上帝存在的確定性。我們需要問三個問題：

1. 這種存在的確定性是如何發生的？
2. 這種存在的確定性如何掌管整個生命？
3. 這種存在的確定性對講道和崇拜的形態（shaping）造成甚麼影響？

一 存在的確定性作為符應的經驗

古老的新教神學談及聖靈的內證，即以上帝的話語闡明那不可推論的可證性經驗（underivable evidential experiences）。在這裏所提出的宗教理論框架裏，我們會在符應經驗（experiences of correspondence）裏尋找這些可證性經驗：即引導我們的思想、經驗和行為的主觀基本主題，與現實環境的客觀結構之間的符應。我把這種符應經驗稱為「共鳴經驗」（experienec of resonance），並努力透過美學的隱喻去了解這些經驗。這些經驗像一塊共鳴板回應弦線的振動，並把動作放大，成為一聽得見的聲音。[1]

這種符應可以以不同的方式產生。例如，我們確信我們的一些基本主題，並用這些基本主題試探各式各樣的實在領域，因而發現那令人驚訝的符應。這樣，在尋找世上「智慧」時，就會不斷碰到在客觀實在裏微妙的「智慧結構」。根據出埃及這主題，整個人類的自然歷史，就像走出大自然這奴僕之家，而人類就像首先得享自由的受造物。根據神聖的愛（agape）這主題，我們認識不同形式的支持社會的行為（pro-social behaviour），而這些行為先讓生命變得有意義。在這些時刻，生命對於我們是和諧的。我們存在的基本主題得到肯定。我們有直覺的確定性（intuitive certainty）：「是的，就是這樣，生命是這樣得以延續的。」

但達致這種可證性經驗的方式可以是不同的。我們不僅試探實在的各種領域，看看它們是否與我們的期望及主題符應，我們也不斷轉變我們的主觀主題，直至其「適應」客觀實在為止。我們糾正片面的行為模式和期望，並常常經驗這些糾正並以之為一突然的揭示（sudden disclosure）。可證性經驗是基於一個經驗，就是當我們出錯時，真理會堅立其自身。因此，也許我們常常只在對稱結構裏、在和諧和成功裏尋找「智慧」，直至後來我們才開始明白，隱藏的智慧也藏於不對稱、混亂和危險裏。在這些可證性經驗裏，我們以往的基本主題沒有被確定，而是被新的主題所擴充、轉變或取代。

在這裏被描述為正常的「適應過程」，有時是一個影響深遠的存在的危機（existential crisis）。宗教的確定性經常藉著經歷和忍受這種危機而得以發展。有時候，我們「適應」和修改已有的基本主題，這還是不足夠的；相反，基本主題完全被那些抵觸它們自身的那些意念動搖：我們失去對這些基本主題的信靠，整個「世界」倒塌了。我們賴以整理實在的確定性，原來先驗地被證實為是偶發的和可疑的。這裏不只是個人的經驗遇到危機，而是普遍的經驗狀況或「經驗的能力」都遇到危機。人們在這個地方碰到一些沒有在世界裏經驗過的東西，而是碰到那首先使世界、他們自己和關於世界的經驗變成可能的那位。這個地方就是「經驗」上帝的地方。[2]

宗教智慧一直知道，確定性是由忍受這種極限中的經驗而形成的。在瓦解和重建一個經過解釋的世界的過程中，我們經驗到一種創造力，我們經常視之為歸信、啟發，就如從黑暗的曠野進到光明一樣。在這種啟發和可證的經驗裏所發生的事情，是重建引導我們生命的那些基本主題。新的基本主題取代舊的；舊的被修改或被賦予新的內在根基。

無論如何，所有可證性經驗的前提是，我們不接納主觀結構與客觀實在的符應為理所當然的事。我們必須不斷碰到我們自己與實在之間的矛盾，以致能經歷這種符應，並發現那是非凡和驚人的——不論是透過揭示新的實在領域或改變我們的基本主題。

一篇使聖經的記號語言充滿生命力的講道，一方面嘗試表明，實在根據熟悉的聖經基本主題而不斷重新自我揭示：這篇講道嘗試確定聖經信仰的基本確信。另一方面，這篇講道嘗試在人心裏確立這些基本聖經主題，使之在人心裏生長和成熟，[3] 而這也包括其持續不斷的修改和更正，因為主觀主題不可能包含整個實在。在所有個別基本主題的背後，是一個宏大主題，即一個中心的基礎原理：期待和盼望存有與意義、實在與價值、能力與美善，都能在終極實在裏得以符應。

二 存在的確定性的三個向度

現在，我們在甚麼生活領域裏找到這種存在的確定性呢，即那證明驅使我們的存在與實在符應的思想、經驗和行為的那些主題？

在我看來，現代的宣講在個人生活——即人與人之間的關係領域——上尋求這種確定性時，尤其片面。所謂那存在式的解釋（existential interpretation），已把這種限制提升至一個既定的程序 [4] ——據此，我們不能在對世界或社會的理解中發現聖經傳統的真理：經文的「世界觀」是前現代和陳舊的；那支配過往社會的意象和規範已經過時。經文可能出現的真理，只出現在人類的自我理解裏。因為歷代人類的永恆任務，就是塑造自己的生活，並作出相應的行動；而認識自我、世界和社會，卻是不可分割的。我們對自己的認識受制於我們在世界放置自己的位置，以及我們如何看歷史和社會。存在主義式的解釋，本身就是一個例子——它與世界及社會的關係主要是負面的；對它來說，自然界只是那被決定之自由（determined freedom）的領域，而社會則是非本真的「它們」（they）的領域（即未成形的角色關係）。一方面是自然界與社會，另一方面則是真實的個人存在，兩者之間被假定是敵對的。本真的存在只會被想像為一個內心徹底遠離自然界和社會的狀態。人類的自我理解，與對世界及社會的理解之間的關係，在這裏明顯帶有負面色彩，甚至自我理解是取決於對世界及社會的理解。

我必須再次強調，我們不斷與自己及與其他人對話：談論世界、社會與自我。[5] 因此，宣講的任務，不只是介入談及人類自我理解的對話，更應該出現於上述這些持續的對話的所有向度之中。但現今宣講的宇宙向度（cosmic dimension）往往被忽視。因此我以此開始，然後才談及社會和個人向度。所有三個向度合起來，就組成了宣講的存在向度。

1. 聖經記號的宇宙向度

宗教記號系統一直都有一項任務，就是把人類安置在宇宙的一個位置裏，即與事物、植物和動物並排，這系統有「生態學上的功能」（ecological function）。在某程度上，人類在自然界裏聆聽隱藏的信息，這信息包括兩方面：一個關於人類在宇宙裏位置的陳述，以及一個要人類保護、照料或發展這個宇宙的命令。如今在現代世界裏，宗教已失去對世界的畫像的控制。[6] 自然科學（以陳述的方式）表達實際的情況；對於評價人類在宇宙內的位置，自然科學卻隻字不提，即不會確定這個位置是否有意義。至於命令方面，即說明人類在宇宙內的位置，就更是超越自然科學的範圍。自然科學從不談及人類的任務。一些受自然科學影響的思想家，甚至坦然地質疑究竟有沒有給人類的命令。他們必須在這個中立的世界裏制定自身的命令。

在這個情況下，宣講與神學有兩種危機：不是回到前現代的形而上學和以整全的方式解釋世界，以組構在現代意識中所失落的「是」（is）和「應當」（ought）的統一；就是放棄宇宙的陳述，以致不為現代對世界的理解帶來張力。後者已放棄尋求存有與意義、實在與價值的統一，其意義與責任是有限制的，而關於創造的陳述也已被轉化為創造的倫理。

或者是否有一些「橋梁」，能讓我們用優秀的智性良心，為自然界作出宗教解釋、並把宇宙編入我們的講道裏？我們可以視之為上帝的文本和歷史，而不會陷入前現代的天真嗎？

我用一個比喻説明記號語言學（semiotics）對這個問題的貢獻。[7] 試想像我們由於海難或探險的緣故而流落在荒島上。島上看來是荒涼和杳無人迹的。我們往內陸走，在地上發現一個由石頭砌成的等邊三角形。我們立刻認出它是一個記號。因此我們説：（1）其背後有傳達一些甚麼或要求一些甚麼的意圖；（2）我們在島上並不孤單，必定有其他有理智的活物——人類——存在。我們的假設是，我們找到一個若此的常見事物的構造，是非凡的和簡約的，並在一個不那麼有秩序的背景下，憑其簡約和非凡的特點而使其變得更加突出。（我們視這個圖案為一個挑戰：就是要給這個圖案「意義」，即把這個圖案解釋為指向別的東西。）假如一個有理智的存在物，例如老鼠，也看見這個三角形。（我揀選老鼠作為例子，是因為今天心理學實驗説服我們，人類具有老鼠的某種形象。）老鼠看見相同的石頭，但不能將它解釋為一個記號。我們最多以「經典條件反射理論」（classical conditioning）來訓練老鼠，使老鼠視三角記號為一個提示某個行為模式的信號，例如透過把鹹肉放在用石頭砌的三角形上來提示要求食物。

比喻（parable）也一樣。現在面對的是其神學意義。我們所有人來到這個世界，就像來到一個奇怪的島。我們並不知道我們是否獨自在這個龐大的宇宙裏。但當他們經驗這個世界，一些敏鋭的人們發現了「記號」，即一些具有非凡構造的常見事物、圖案（patterns）。確實，這些人看整個世界為一個記號和其他東西的明喻：即上帝。他們猜想，他們並不是獨自居於這世界的。一個至上的、莫測高深的「理智」在世界裏運轉著。一切都是指向這個對象的記號。別人看到相同的星宿，但不視之為記號。

雖然人與人之間的解釋有衝突，但有一件事卻是肯定的：所有記號都是以與其不同的物理或生物指符作為基礎的。這好比旋律（即一個聲學上的「圖案」），不論是由鋼琴彈奏或由小孩唱頌，是高音或是低音，是可聽見的或是只寫成音符的，旋律都保持不變。圖案與其自然載體（vehicles）不同。相同的圖案可以透過不同的載體實現出來。現在世界無疑充滿這種圖案，但這並不指出其意義。相反，意義是由人加給圖案的，正如我們把歌詞加給旋律一樣。我們可以把很多歌詞放進同一個旋律內，但不是所有歌詞都可以予以接受（只因為其長度），也不是所有歌詞都合適。圖案及其意義之間沒有必然的關係——除了圖像記號（iconic signs）：圖像記號的圖案與其描繪的東西一定要有關係。因此我們在載體、圖案及意義之間找到關係。三者之間有連續性、但並非必然的關係：相同的圖案可以透過不同的指符實現出來，相同的意義可以透過不同的圖案實現出來。[8]

宗教的解釋涉及自然界和宇宙現存的圖案。這些圖案的存在是無可爭辯的。但加給這些圖案的特定解釋則是開放的——不論是解釋一個現存的意思或創造一個新意思；不論是找出一個意思或提出一個意思。大自然就像旋律，我們可以把文本附上去。一些人可以把文本附上去，那是無可爭議的，但解釋圖案的可能性也是無可爭議的。對於一些人來說，這只是一篇表達人們情感的「詩歌」，但對於其他人來說，這是一篇指向上帝的「聖詩」。但我們不可能設想一個拒絕所有意思的世界。

自然科學告訴我們愈來愈多關於這種圖案的事情。最重要是自然科學在進化思想的框架裏提出：整個進化都是由一個持續增加和分化的圖案和模式所組成。我們所知道其中一個複雜的圖案結構是人腦，而人腦有能力辨認圖案並替圖案加上意義。自然科學講述一些類似偉大史詩的東西：人類從其中出現的進化史詩。

它說明人類不只是基因的預編程序，不只由環境塑造而成，而是像所有系統一樣，都有導引的能力。人類是一自我組織的系統，而他們也意識到何為事實。他們感到要對自己的行為和能以成功地存在而負責。我們的知識那史詩式的基本結構，使自然界（在進化框架內）易於被宗教記號取用，因為宗教記號也有一個基本的詩史式或敍事結構。進化史詩和宇宙生成的宗教神話，兩者同樣涉及人類的起源。

因此科學語言所敍述的進化史詩，可以成為創造史詩的一部分和比喻。它可以根據基本的聖經主體而成為上帝的比喻（揭示存有與意義那隱藏的統一）。藉這些聖經主題的幫助，我們在整個進化裏發現一些聯繫，使我們可以把自己置於宇宙中，並且在不需要借助對一切事物所作的虛幻解釋，亦能確定我們的任務。這種思考進路使我們得到的，不是整全的系統，而是在高深莫測的宇宙裏那些地域上有限的確證的領域。這種神學的偉大典範仍然是德日進（Teilhard de Chardin）的思想，即使我們不能延續他那前現代式的進化論（即依靠目的論的各種因素，最終達致一個整體的系統）。[9]

我希望以幾個例子闡明我的意思。按照創造的主題，我們不斷強烈經歷事情的偶發性（contingency）。時間成為一個深奧的謎語，現在是未來的「未濟」與過去的「既濟」之間的過渡。因為一切都是偶發的，所以沒有直接且具啟發性的終極確證：我們只能觀察到偶發性，而不能證實之。

今天我們不得不根據「理性」（rational）這個智慧的主題來經驗自然界。在我們以前的世代，他們從來沒有想像過可以像我們這般，發現如此多新的聯繫和不可能性。我們在時間和空間中所掌握那極複雜的「圖案」，讓我們愈讀「自然界之書」，就愈愈入迷。

最後，我們根據出埃及的主題經歷自然界。所有生命都努力適應實在，但只有人類對此有意識，只有人類可以掌握自己的命運（和自己的任務）。今天，即使是地球上進化的線索，都在我們的手裏。一艱鉅的任務正等待著那得享自由的受造物。

因為聖經的記號系統像所有其他宗教記號語言一樣，曾經履行指出人類在宇宙內的位置這客觀任務，所以我贊成為著現今思考一個聖經的進化式詮釋（evolutionary hermeneutic）。[10] 聖經的宗教也是那反覆試驗（trial and error）的偉大進程的一部分，活生生的人從中發展出適應世界的結構。人類在這裏有一個特別的任務：他們知道他們所經歷的世界只是一個對他們來說是獨特的環境，並不同於客觀實在。他們要面對一項任務，就是發展一些結構，去適應那個超越他們的世界（他們有限的空間）的實在，而他們亦沒有對應這實在的「自然」器官。在我來看，宗教是人類對一個終極實在特有的適應形式。聖經宗教努力透過改變人類而尋找與這個終極實在有新的符應。最重要是包含一個偉大的洞見：就是所有人類都嘗試適應，但最終都失敗。沒有人類可以成功使自己的生命與上帝符應；所有人都失敗。但聖經宗教的中心，是確定這個終極實在仍然接納這些生命的境遇的失敗——唯獨恩典（*sola gratia*）、唯獨信心（*sola fide*）、沒有律法（*sine lege*）——而這個確定性是藉著一個人來傳遞的，那就是耶穌。

這個隱藏在我們和其他宗教傳統裏的智慧，我們或許仍未完全認識。生命在每個地方都發展適應的結構，遠早過我們所能意識到的——至於結構是怎樣的和為甚麼要「適應」，我們則更少意識到。進化式詮釋始於宗教記號系統內的這種「適應的智慧」（wisdom of adaptation）；當然我們日後可以把它概念化，畢竟尋找知識是信仰的一部分：信仰尋求理解（*fides quaerens intellectum*）。

2. 聖經記號的社會向度

宗教記號系統常常要協調人類的行為以及使合作成為可能，儘管在人生機會的分配上不斷有競爭。我們在這裏也找到，宗教語言和意象那陳述和命令的功能是肩並肩的。一方面，它們使存在合理化，把常常成疑的聖潔光環加在現存的環境之上。這裏要討論的，不是那說明事情的陳述，而是討論那認可既有的為有價值的那種評價性陳述。同時，宗教提供一個事情當要有的定向——這往往反對在一特定時間內、存在的及對確的事情。價值的陳述被那事情「應該如何」這命令所補充。

現代的意識在這裏也導致一個深遠的改變。宗教記號語言的合法化功能，被質疑為意識形態。例如，保羅確信所有權柄都是出於上帝（羅十三 1 及下），這是一項很難處理的傳統。假如宗教嘗試使人接受既有的環境，宗教就不可信了。相反，宗教的命令功能則顯得不同：但凡促進愛、公義和自由的就會得到接納：至少作為同盟——即使對於現代的人來說，這是一個麻煩的同盟。其先知式的莊嚴，使人懷疑它是否能接納多元主義。絕對性似乎打開了世俗社會的論爭性論述。

在這裏正確的看法是，現代神學和宣講，受到社會倫理道德主義（social-ethical moralism）的危險所威脅，不管這種道德主義擺出保守還是改革的姿態。因為在一個現代社會裏，即使是基督教保守主義，也不能再從容地為現存的時代精神作出對策。相反，在面對世俗化時，基督教保守主義卻又會徹底地批判社會。基督教保守主義所灌輸的道德將會是一個「保守的革命」，正因為這樣，基督教保守主義不是傳統意義下的保守主義。在那肯定現實（即肯定那常是業已實現於現實中的價值）的陳述，以及那反對和改變的命令之間，上述兩種社會倫理道德主義的反應都缺乏一個平衡。但這種平衡卻包含在宗教傳統裏：「應當」

（ought）是以身分認同或存有作為基礎的；而那些面對命令的人，則在陳述的應許裏先得到所應許的價值。

問題不是在宗教裏是否只有反對的（protest）元素才算合法（不論是以保守或改革的方式表達），而是在所有「應當」之前我們可以認清一個怎樣的價值。要看清這點，是宗教記號的核心任務。在面對聖潔的光環——即那曾經圍繞最重要的社會制度的聖潔光環——被打破時，我們應該要接受並視之為有益的。我們應該對企圖以人為方式恢復這制度的聖潔光環表示懷疑；因為只有人類才是聖潔和無可爭議的，所有制度應該用於人類。保羅否定國家和那掌權的擁有直接的宗教合法性（君主並不是上帝），但賜予國家和那掌權的有其倫理的合法性：要宣揚上帝和抵抗罪惡，這樣做就成了「上帝的用人」（羅十三 1 及下）。但只有當我們明白保羅所說的，是指到國家這更廣闊的宗教合法性（即君主崇拜的一種另類選擇）以外的另類選擇時，這個意思才變得清晰。

人類的尊嚴和價值——即陳述所給出的東西——即使於神學和宣講中，都只能是一種發現。神學和宣講不能創造人類的尊嚴和價值。神學和宣講甚至不能使人類的尊嚴和價值組構為「應當」。神學和宣講只能嘗試使人類看清楚人類的尊嚴和價值。神學和宣講可以與現代社會一起製造張力，因為同一時間，現代社會也有傾向除掉個人的聖潔光環。我們清楚看到，有些人預備從尚未出生的孩子身上，取回絕對的生存權，而絕對的生存權只能在生存權有矛盾和悲劇性衝突時才會被討論。我們清楚看到，現代社會對老弱的態度是比較不確定的。人類是有價值的——不取決於他們的成就和他們對整個社會的貢獻——這項洞見已逐漸消失。但這項確信必須在那些因緊急情況——老和病、作難民和外人——而不能有任何「貢獻」的人身上才能得到維護。

每個人都有上帝的形象。所有人類都有其自身的價值，這個價值永不能成為達到另一個目的的手段。一篇確信這點的講道，往往也有一項政治功能，就是減少在人生的機會的分配上所引起的鬥爭。[11]

但宣講如何能逃避那些道德命令的貧乏性？如何避免帶來以先知式莊嚴表達的社會專政計劃？如何不受枯燥無味的徹底保守主義影響？如何在社會領域裏提供定向，並仍然保留其包容多元性的能力，即在羣體及社會裏尊重各種政治傾向？

我們在這裏要記住，我們的倫理傳統不是一個行動模式系統或一個社會計劃，而是一個敍事傳統，當中深印著複雜的誡命。聖經包含了一個敍事倫理。[12] 聖經不只闡明規範，也以敍事說明這些規範的陳述性前設（indicative presuppositions；例如上帝的約、地土作為禮物、人裏面的上帝形象），也說明人類如何處理這些規範，以及如何處理失敗。聖經說明這些規範如何成為進一步的行為的模型（models）——是我們可以跟隨但不必模仿的模型。聖經倫理的敍事形式，使人從道德命令專政以下得釋放。

基督教的社會倫理涉及聖經傳統——即聖經傳統作為一個已經開始的故事的發展；這就如一項我們經常給學生的任務：我們只給學生故事的開始部分，並要求他們繼續把故事說下去，好試驗他們是否掌握到標準的文體和敍事的關鍵主題。故事往往有幾個讓故事延續的可能性，但也有一些不可能發生的結局。一個愛情故事的結局不能像一個鬼故事，因為這違犯了文體的標準。但在這個文體的標準下，我們可以有可能讓故事的延續和結局有合法的多元性。聖經故事也一樣，故事仍未完結，我們的任務是要去完成這個故事。我們用來檢視各個故事不同的延續的合法性的文體標準，就是那些我嘗試在上文所說的基本聖經主題。我們有意識或無意識地應用這些基本聖經主題，以判斷某個行為是否屬於基督徒的行為。但我們容許有不同的「故事的延續」。

我們不需要任何絕頂的倫理系統才能應用這些基本的信念。以下是一些例子。我們確信所有人類都有機會改變他或她的行為，這確信改變了我們對罪行和那些偏離規範的行為的態度。人是可以改變的。任何人否認這點，就是脫離聖經的見解。位置轉變的主題、神聖的愛的主題，讓上和下、裏和外這些基本的社會界限相對化起來。這些基本主題改變我們對階級和對與我們不同的團體和民族的態度。自我羞辱（self-stigmatization）這主題肯定了苦難是可以包含信息的。我們在面對這點時，要反覆問，在我們社會裏被羞辱的人正要表達甚麼信息。宣講的任務就是要強調這些基本主題。宣講可以並應該討論具體的結論，但須附帶說明這是講道者的結論，羣體其他成員可以有不同的結論。

為了使經文（對未來而言）更加豐富，我們要分辨反覆出現的基本主題和可變的具體範規。資料豐富的社會學釋經在這裏能幫助我們。[13] 社會學釋經可以解除聖經標準的絕對化，可以說明基本聖經主題如何在歷史裏發展，如何在特別的處境下起作用和作出調節。社會學釋經使用人類行為的歷史的可能性（historical possibilities）來量度倫理的陳述。例如在我們的時代，我們不能重新使用初期基督教的家規（household rules），來作為一個有約束力的道德標準。但一個根據歷史情況的釋經可以吸引我們注意到一些有趣的地方。因此在彼得前書三章 1 至 6 節裏，妻子在宗教裏是與丈夫不同的，這被視為相當理所當然的。但最早期的基督教也不承認丈夫的權柄：在以弗所書五章 25 節及下，基督成為丈夫行為的模範。比較的重點不是祂的管治，而是祂的捨己。這裏丈夫所擔當的角色，本來傾向是妻子要擔當的角色——在古代，為丈夫犧牲被視為妻子的美德，而這裏犧牲則成了對丈夫的要求。當我們以歷史的框架來看倫理陳述，我們才認出這些特點來。

社會學的詮釋學（socialogical hermeneutics）在這裏清楚地說明，聖經所有經文都處於一個關乎行為的社會框架裏，儘管我們不能如我們所願的認識得十分清楚。發現經文的社會向度，比任何個別性的結果更重要。假如釋經意識那必不可少的元素，是所有經文都由社會因素決定，並反過來對社會處境起作用，那麼社會良心已經被經文銳化：聖經記號的重新實現，在宣講裏具有更多社會功能。因此，講道者有社會責任。他們也因此反而可以更清晰地理解聖經記號語言及昔日的聖經文本的社會功能。

3. 聖經記號的個人向度

聖經記號最重要是成為人們與上帝對話的機會。只有個人才能開始這個對話，其他人不能代替他立約，人在這個約內回應一個無法抵抗的存有與意義的統一，對生命及對所有存有說「是」。這個「是」也是對未來的承諾，也是承諾在危機裏保持忠誠。

信仰在這裏成為人類身分的基礎，即人類與自己相符應——儘管所有人物均失敗、儘管有環境的張力、儘管生命裏應做的事與實際做的事之間有矛盾。這種身分有兩方面。第一，這個身分是被賦予的。我們不能決定我們是誰。我們不能選擇父母，或出生的時間地點，或身體的限制。第二，身分是一項任務，那是透過我們跟從生命的計劃——我們有極大責任去實現（和構思）的——而得以實現這項任務。因此個人身分必須「實現」兩項目標：應付偶發性和自我實現。一方面，我們要應付在自我實現中所面對的一切，包括一切限制甚至是阻礙：不公義與苦難的經驗；年齡、能力、健康、不能逆轉的過去的限制。另一方面，這是一個自我發展與自我實現的問題，儘管有這些限制，並且常常成為妨礙，甚至認為不可能超越一些偶發性因素，有一點是肯定的，就是我們所有人只有在我們的可能性的範圍之內而不是之外，才會感到快樂；但我們並不先驗地確定這些可能性是甚麼。沒有人可明確知道。

因為身分有這種雙重特性，宣講在這裏也一樣，要在陳述與命令之間尋找平衡。宣講以陳述的方式接納身分為一份禮物：宣講提醒人，生命是創造主的禮物，並應許新生命作為救贖主賜給我們的禮物：即在世界裏作為「新的創造」。同時，宣講表達了一項命令：命令人對自己的生命負責，以及在有限的人生裏實現自己的生命。

現今宣講的危險是，宣講常常單方面地處理偶發性，即於生命極限之處作出安慰，或是單方面地以自我實現為目的。前者肯定相當於宗教的客觀功能——儘管經歷所有啟蒙和世俗化，業已證明不能使宗教的客觀功能世俗化[14]——我們愈盼望透過行為使生命有公平的機會的分配，那根深蒂固的不平等就使我們感到愈苦澀和失去理性：這些不平等諸如分配不均的健康、才能和美貌、反覆無常的「意外」突襲充滿希望的個體、反覆無常的快樂與不快樂等。可是，尤其對年輕的神學家來說，這項無庸置疑其存在的宗教客觀功能，與另一個意識對立：對於他們來說，信仰和宗教往往是自我實現最初的原動力，那是脫離世俗社會當下生活計劃的自我實現。於是核心的主題變成超越既定的生命界限，而非應付它們，尤其於必須放棄（有歷史條件和可變的限制的）傳統生活模式（例如女性的角色）之處。使人「接受命運」的宣講和信仰，往往（並且合理地）令人懷疑那是宗教的誤用。

這種張力反覆出現在關於聖經的詮釋性關注中。在德雷威曼（E. Drewermann）對經文所作深層的心理學釋經裏，所有聖經象徵和意象成為其一種尋求自我的表達。[15]「基督」這個核心象徵被視為自我的象徵，祂的道路被視為通向自我實現的道路。自我實現假設了，人們把自己從受限制的焦慮之束縛中釋放出來。這裏經文最重要的心理學功能，就是減少焦慮。

這種經文解釋——對我來說是片面的、但在現今卻引來極大的回響的——應該成為一個發展出更好心理學釋經的挑戰。肯定的是，宗教文本有能力為身分提供基礎（和挑戰）。但問題是，我們怎樣可以為宗教文本作出負責任的陳述，即這些陳述可以通過經文的測試，並且不包含任何對人類身分的虛假假設。

德雷威曼的釋經方法及其不明言的人觀（或心理學）都遭到批評。對他來說，經文是一個起點，以重新發現不受限於時間的圖畫性語言（原型的意象性語言和普遍象徵語言）的回歸。他沒有解釋具體的經文，而是解釋那些超越這些經文的、被假設和預先知道的永恆意象。採用榮格的擴充方法（amplification），我們可以把相關的意象和象徵，與經文隨意聯想。這個方法把脫離具體經文的做法合法化。

他的心理學同樣是片面的，並不理解建制可除去負擔這一功能，以及人類在歷史和政治處境裏的參與。焦慮是有時間性的，是處境性的。但最重要是，宗教記號不只具有使人從焦慮中釋放這個人論式（anthropological）的功能，而也旨在使焦慮成為可能。宗教記號故意激發人們接觸焦慮——死亡的焦慮，例如在談及殉道的可能性時。[16]

我們在這裏沒有機會草擬一個更合適的心理學釋經形式。[17]無論如何，聖經傳統的敍事特性在其中有重要的角色。身分透過歷史得以形成，並能以故事來述説自己的歷史。假如我們想説任何關於我們的事情，我們會講述我們的人生故事。這些個別的歷史向更遼闊的故事開放。我們把這些故事放在國家的歷史裏，還是放在聖經宗教所見證的上帝與人類的歷史裏，兩者是有重大分別的。在這種包含一切的故事裏，我們找到身分認同的模式（the models for identity），以及應付焦慮和衝突的模式。[18]

基督徒身分的形成，是透過從亞當與夏娃到保羅（從護教士游斯丁〔Justin〕到潘霍華〔D. Bonhoeffer〕）的歷史，以尋找我們生活的模式的。[19] 只要我們沒有將在這些模式內的敍事那些起作用的基本主題內化，所有模式都依然是外在的。與聖經有關的身分的形成，是透過讓這些基本主題引導我們的行為和經驗，好讓這些基本主題不斷揭示實在。

我們可以作一個簡單的總結：在所有三個生命存在定向的向度裏，宣講是要在陳述與命令之間尋找平衡。這個任務等同於讓上帝臨在於所有存在的向度裏，因為上帝是陳述與命令、存有與意義、實在與價值的動態統一（dynamic unity）。當這個統一在我們的生命點燃起來，上帝就會臨在。因此假如聖經記號要在宣講裏重新實現，讓我們可以與上帝對話，並使我們的生命面向所有向度，我們就必須不只是以千篇一律的詮釋學來理解經文，而是也根據進化、社會學和心理學的詮釋學來理解經文。每種詮釋學各自都只是片面的，即使加在一起，也不能產生一個沒有矛盾和沒有張力的整體。但把各種詮釋學放在一起（並透過更多探討聖經的進路來擴充之），那就使我們的生命在尋找宗教真理和存在的確定性上，更加與上帝一致。

以下是一個總結了這些成果的略圖，並綜覽我們關於宣講的向度和功能的討論。

	陳述：表明價值	**命令：表明行為**	
宇宙向度	説明在宇宙裏的位置	指出在宇宙裏的任務	進化論詮釋學
社會向度	難以像想的事物之合法性	改變可變的事物之命令	社會學詮釋學
個人向度	應付偶發性	自我實現	心理學詮釋學

存有與意義、實在與價值的動態統一

我們很容易就可以在這幅圖表裏，識別出現代神學和宣講的危險。危險往往是把一個向度絕對化。維爾克（M. Welker）談及當今神學三種被擄至巴比倫的形式：整全的形而上學、社會道德主義和對話性位格主義（dialogistic personalism）。[20] 但沒有神學思想形式可以聲稱代表整體。此外，所有上述三個向度都缺乏存有與意義的動態統一，不論在保守還是進步的嚴格主義（rigorism）裏。人類只有在生命的一切向度上與上帝符應，即作為存有與意義、實在與價值、陳述與命令的動態統一時，才會找到生命的提升和存在的真理。宣講嘗試傳達這種生命的提升。

三 宣講的形態的結果

但任何講道都能公平地處理這些要求嗎？我們要求具體的宣講應該可以在人類生命的一切向度上，即在我們與宇宙、社會及自己的關係上，帶出存在的確定性，但這個要求是否太高？我們期望宣講要介入人類與自己內心的對話，這個期望是否太高？我們在這裏所期望的宣講，是否比平常真正的宣講廣闊得多（在其主題的闊度上）和強烈得多（在其存在的意義上）？

1. 多向度的宣講

預備講道其中一條最好的測試準則，就是集中一個要點，但這個要點要清楚和令人難忘。我們只處理一個主題。但這如何涉及宣講的三個向度？這個目標不是使講道的負擔過重嗎？當然，我們要作出取捨。依我的見解，在一般的情況下，有一點似乎要首先處理：通常在個別的講道裏，個人向度居先。以下我簡述一些原因。

我們首先要向個人說話，因為個人的壽命有限。宇宙與社會比個人活得長久，而個人有可能在下一個主日之前就離世。又即使個人的處境不是那麼戲劇性，但畢竟他或她現已身在教會內——也許經過一番內心的猶豫——再次嘗試與「上帝」接觸。也許這篇講道是一個極難得的機會：也許某人帶著極沮喪的心情而來，對於他來説，他甚麼都受夠了。難道我們不讓這樣的人帶著更新的生命之約回家嗎？我們必須嘗試釐清一個人的生命嗎？在每篇講道裏，我嘗試告訴自己，會眾中有人可能正在面對迫在眉睫的死亡，有人可能最後一次嘗試與上帝對話，有人可能絕望地對抗著自殺的念頭。我們所有人的時間都是有限的。也許這是一個極難得的機會去觸動某人。因此在宣講裏，個人向度居先；個人問題永遠都是應當關切的議題。

同樣地，有一些情況使我們要在宣講裏優先處理社會向度。社會上不時有一些危機，使我們必須馬上而不是稍後作出解答。在這些情況下，對於大部分聽眾來説，生命的個人向度與社會向度結合起來。這時我們必須優先處理社會性的主題。但重要的是，這些主題的基礎要在以前的講道裏出現過。我們會在危機時回顧在平靜時所作的。這些工作往往是很有意義的，因為一般的社會問題往往是應當關切的議題，並組構了我們個人生活的背景——儘管這些問題只會偶然直接介入我們的個人生活。

只有宇宙向度在某程度上是非時間性的——除了自然界的災難闖入人類世界以外：因為，如果是這樣的話，人類在宇宙的位置也變成應當關切的議題。這裏的情況也一樣，除非以前已經鋪設了處理這種宇宙向度的基礎，否則在危機時已沒有時間再先行鋪設基礎了。

我們可以從這些反省得出一個結論，就是這裏有一個清晰的輕重緩急。無論如何，個人的應許和需要居先，之後才是社會和信仰的宇宙性向度。我要強調，這是個別講道的準則，但對於一般講道而言，我們有需要優先處理宇宙性的向度，為甚麼？

在現代社會裏，人類日益活在一些非常獨特的世界裏，而每個世界都有其本身的規範和價值，每個世界都各具被視之為理所當然的特色。社會的功能性分化（functional differentiation），引致出現非常不同的次文化（sub-culture）；而在每個次文化內，又可以發展出相當不同的個別生活形式。因此一切關於生命整體的陳述，都被懷疑是出自一個社會或個人獨特的世界的有限觀點。那麼更加重要的是，我們要記住，所有這些獨特的世界都在同一個宇宙框架內存在。我們都是「宇宙的兒女」，我們都受生態危機所影響。在這點上，我們都面對相同的挑戰。

因此我們有需要（不管每篇講道都需要向個別的人說話）在宣講裏從所有向度來闡明整個的人類的存在。我們可以簡單地實現宣講的三個向度，而不會對個別的講道要求太高：

1. 透過把個別的講道設定於一個大循環之中；
2. 透過講道的禮儀框架；
3. 透過講道內意象的聚焦。

以下是一些反省。

■ 把個別的講道設定於一個大循環之中

沒有一篇講道是第一篇，也沒有一篇講道是最後一篇。這免去我們要在一篇講道裏說明信仰裏所有重要的東西的需要。講道的正常進程和教會年的讀經有助抵銷片面性（one-sidedness）。一連串有計劃的講道甚至可以讓人更加意識到不同主題的內在融貫性。

■ 講道的禮儀框架

我在上文指出，個人、社會和宇宙向度可以以不同程度的、應當關切的議題的形式出現。同樣地，這些也應可以與不同的崇拜類型連結。透過講道的這一形式，我們很容易轉到應當關切的議題之上。而愈是恆久有效的主題，就愈能被（只有很少變化的）禮儀的週期性框架接納。

在聖經裏引人注目的是，宇宙的主題最主要在詩歌裏出現。天與地、大自然的美麗與奇特，都是相對地恆久的主題，描述性的讚美都指向這些主題。在新約，耶穌在詩歌內被讚頌為創造的中介者。在崇拜裏，詩歌和聖詩都是極合適之處，讓人默想人類在宇宙的位置。但當這個宇宙成為當下要關切的議題時——正如在生態危機中——這就可以以認罪的方式作出對應，因為我們對當下物種種類的銳減、鳥類的遷移和創造的破壞，應負上最終的責任。

代禱經常出現在社會性的主題裏。例如我經常採用以下的禱文（或會稍作改動）。我讓以下的代禱禱文自己說話。

我們的上帝啊，
我們為世界禱告。

為當中的教會禱告，
讓教會可以可靠地代表福音。

為政客與政府禱告，
讓他們可以不用武力解決衝擊，
不論在巴爾幹半島、在中東、在南非還是在別處。

為社會禱告，
讓社會可以為所有人帶來美善，

包括在東方和南方的人。

為學校和大學禱告，
讓學校和大學可以為真理和全世界的人而努力。

為自然界禱告，
讓我們看到，自然界是祢的創造，
並保護整個世界。

我們為所有疲乏的和負重擔的人禱告，
為病弱和垂死的人禱告，
為沉溺成癮和有自殺念頭的人禱告，
為離婚和悲傷的人禱告，
為殘疾和孤獨的人禱告，
為難民和尋求庇護的人禱告，
為囚犯和被忽略的人禱告，
為社會裏所有失敗的人禱告。
讓我們努力確保
他們不被遺忘。
因耶穌基督之名，
阿們。

■ 講道內意象的聚焦

對宣講需要具備三重向度這要求，並使之可以在同一篇講道內達到、而不需要三篇連續的講道，其關鍵是讓所有三個向度均以同一個意象帶動，使同一個概念出現三種變化。我們應該嘗試這種講道，不需要每次都這樣做，但要不時這樣做。

路加福音四章 1 節及下的「曠野」意象便是一個尚佳的例子。[21] 根據我的定義，這是一個象徵，因為曠野一方面是一個真實的地貌，出現於巴勒斯坦和敍利亞，但另一方面，作為一個意象，曠野擁有額外的意義，是不能在同一篇講道裏盡述的。曠野是從埃及得釋放的地方，那裏有上帝的山，就是頒布律法的地方。但代罪羊也在贖罪日被放到曠野，擔當人們的罪，因此，曠野也是一個可怕的地方，是與上帝敵對的、是死亡的地方。在一篇關於路加福音四章 1 節及下的講道裏，我只能運用這個密集的象徵意義的一小部分。但在這裏，我們明確看到曠野意象有三種變化。

（1）首先，曠野被解釋成整個宇宙的象徵，因為在我們眼中，宇宙是無人居住的，儘管在其中——就如在曠野一樣——隱藏了比乍看之下更多的生命。無論如何，整個人類文化在毫無生氣的宇宙裏，只是一個小「綠洲」。首個基本的存在的決定，在於向這一存疑的生命綠洲說「是」，儘管這生命綠洲受到威脅。我們被認為是理應要捍衞生命的。

（2）在講道的第二部分，曠野成為社會限制的象徵——象徵那些從正常社會裏溜走出來的生命領域。這些領域對社會作出更尖銳的批評。從「曠野」這種外在於主流社會的視角看來，生命裏不平等的機會分配，似乎是非常有問題的。因此第二個我們需要作出的基本決定，是向在生命機會分配裏掙扎的弱者說「是」，並支持在人類文化裏受威脅的生命——即支持那些在社會裏得不到應得的東西的人和失敗的人。

（3）講道的第三部分，把曠野的意象放在個人存在的向度上：曠野是更新的地方。施洗約翰在曠野裏呼召人悔改。那些不預備進入自己生命內心曠野的人，永遠不能獲得更新；在那裏埋藏了他們生命裏未實現的可能性：沒有真正活出來的生命、一切在生命裏遭摧毀和破壞的東西。因此第三個基本決定，是向我們本身那存疑的生命、向每個人裏面的弱點和威脅說「是」。

在人類支援受威脅和有危險的生命時；在人類為了有危險的生命而被上帝徵召，並承諾像上帝一樣看待他們的危險和弱點時；也在人類確信上帝會親自站在弱者和成疑的生命的一邊——不論在宇宙裏、在人類社會裏還是在個人的生命裏時，上帝就會臨在於人類中間。

我將會在第二個意象裏加上一些變化，然後再作一全面的總結。

出埃及的敍事明顯與一個特殊處境有關：從受苦的政治和社會環境裏得釋放。若解釋時不說明這個社會向度，這些解釋就沒有恰當地處理經文。然而出埃及的意象也可以闡明人類生命的其他向度。我已經指出，文化演進（cultural evolution）是一次大型的出埃及，走出生物演進的極限。人類是先得享自由的受造物。同一個意象反過來可以應用在個人生命的釋放過程：任何「走出」強迫性神經官能症與焦慮的事件，都是一戲劇性事件，並包括一種對返回「埃及」的渴求。這事件也有像過蘆葦海（Sea of Reeds；編按：這是「紅海」的字面意思）一樣的危機：舊生命的力量再一次證明是一個令人恐懼的力量。德雷威曼是以這種方式解釋出埃及的。[22]

假如我們視這種「意象的變化」為合法的，那麼這就是假設，在不同的生命向度裏有不同的進程，而這些進程是類近於這些向度的形式結構的。當生命在面對嚴峻環境而確立自我時，那裏就會有一系列可與之比較的因素出現；釋放在哪裏出現，那裏將出現各種典型的進程。因此意象在不同的向度裏都有闡明的能力，即使最初只來自其中一個向度。若你喜歡的話，這引致一種

（在講道學上）寓意（allegory）的恢復，而這種寓意釋經曾經出現在中世紀的聖經傳統、並且仍然適用於今天。[23]

2. 引發認知重構的宣講

假如一篇講道能介入人們與自己內心的對話，談及關於世界、社會和他們自己的生命的事情，這篇講道就有存在性的意義。這不僅是一個「廣泛性」的宣講問題——關乎怎樣討論整個實在——也是「深入性」的問題：宣講如何能得出一個關於生命的決定？如何能在人們內心對話裏產生建設性的影響？又如何能做到這點，而同時尊重每個人都需要的「私人的屬靈領域」？

首先有人會反對，認為這種深入的「介入」不應出現在講道的場合裏。公共論述如何在一個禮儀框架影響個人呢？這倒應是牧養性的交談或治療所做的事。[24]

在這點上，依我看來，這低估了宣講可生發的「機會」。正因為禮儀框架與日常生活有一段距離，所以就有機會讓宣講作出一建設性的影響。我們把宣講與治療性的交談作一比較就會一目了然。治療性的交談也有「禮儀」框架。對話被限制在五十至五十五分鐘裏，儘管所提及的問題需要用更多時間去處理。在這裏，我們嘗試從日常生活分離出來：雙方不能同一時間有治療的關係，又有老師與學生的關係或權威人士與客戶的關係。但最重要的是，治療的關係是有用的，因為治療專家的反應不是日常的反應。首先，在這裏我們有機會處理每天生活功能失調的地方。不用說的是，治療可以、並會比一篇講道達成更多的個人性改變。

但講道如何在存在上和個人上產生果效？講道可以強烈地促使個別聽眾，驅使以不同的方式看他們的生命：以更專注的方式生活、以別的方式評價事物、修正因果定性。簡言之，講道引發認知重構（cognitive restructing），以致聽道的人以不同的方式談論自己的生命。講道有這個機會，是由於其中心內容，就是「與上帝的關係」。講道的信息是：從上帝的角度來看，一切都顯得有所不同，包括你的生命。同樣地，我們用意象和敍事，比用抽象的概念更能帶出這個信息。

■ 意象作為認知重構的工具

眾所周知，我們可以對半杯水有不同的說法：我們可以說是「半空」或「半滿」。這說法更適用於生命之上。半杯水是一個最好的例子，說明在意象幫助下的認知重組。悲觀者只看到空的杯，而樂觀者則看到滿的杯，但兩者都是正確的。本書第六章內關於馬可福音十三章 31 至 37 節的講道，是一個運用意象作認知重組的宣講例子。其主題來自教會年：克服哀傷和失敗；而其中心意象則來自經文，就是家的意象，住在其中的人正等待家主回來。在這篇講章裏，門徒為耶穌的死哀傷，這一點廣泛地成為了哀傷的模式。對死者、對上帝和對自己的各種憤怒相繼出現。被遺棄的家表達了哀傷的情境。現在透過家這一意象，我們實現了認知重組：被遺棄的家成為一個等待家主回來的家，住在其中的人希望以家主的精神、一起活在這個家中。被遺棄的家的聯想被新的聯想所取代：這個家（house）也是一個讓人生活在其中的家園（home）和空間。迎向生命、觸發能力，現在一切都如實地由那位不臨在者緊緊維繫著。經文的忠告——「要儆醒」（watch）——按照哀傷的場境，可以翻譯為「用心生活」（live attentively）。沮喪和哀傷終止過後，我們再次努力生活、留意不同之處和注意我們的環境。

■ 敍事作為認知重構的工具

一個重要的方法，使我們以不同方式看自己的生命，就是從另一個人的角度來看這生命。我們可以用這個問題來使自己抽離：「某某會怎樣回應你的問題？」或「若一個好友帶著這個問題來找你，你會怎樣回應呢？」改變觀點本身是具「治療性」的。我們也可以從另一個觀點來重述故事。其中一個例子是，從那位與彼得這偉大門徒一起生活的「臭」皮匠西門的觀點，重述使徒行傳十章：[25] 這位硝皮匠有一社會性羞辱的污名——駭人的體味。我們可以從一項事實開始：就是在大部分羣體裏，都有像硝皮匠西門的人，看來是次等的和在社會上被孤立的，儘管在很多人眼中，這個使他們被孤立的缺陷並非甚麼大問題。即使講道不直接明言，聽眾也能意會有不同的方法處理這種社會污名。這裏的敍事比任何直接的要求更加生動和有效。

在這個討論的結束之時，我要強調，不但個別的意象和敍事可以實現認知重組，認知重組也是基督教信息核心內容的目標。人類內心的對話旨在於世界、社會和生活之義的證成。但福音信息旨在個人的稱義。若一個人同時是義人和罪人（*simul justus et peccator*），那麼他或她在每個崇拜行動上便因而得知不同的觀點和可以作出不同的判斷：看義人為罪人，看罪人為義人；看無能者為大能者，看大能者為無能者等等。稱義是一認知重組，上帝的話語使生命改變，並使認知重組成為可能。[26] 接納自我而不自欺，無疑是很多講道的目的。因為上帝無條件地認識人類，所以人類受到鼓勵，要以較放鬆的方式認識和應付自己的強處和弱處。至於這個信息有沒有被聽進去，則是另一回事。講道者不能完全控制。但講道者有責任使信息在開始時不被扭曲，以及不讓稱義這信息退化成遺憾悲歎：「所以上帝想要一個借口，去解釋我這種可憐和無恥的人的存在！」其結果是「好消息」被聽進去，但卻使聽眾憂愁。[27]

註釋：

1. 我嘗試在我的著作（G. Theissen, *On Having a Critical Faith*, London and Philadelphia 1977）裏，把宗教經驗解釋成共鳴和荒謬的經驗。
2. 參見 R. Schaeffler, *Fähigkeit zur Erfahrung. Zur transzendentalen Hermeneutik des Sprechens von Gott*, QD 94, Freiburg, Basel and Vienna 1982。
3. 正如每一篇講道均會嘗試同時為聽眾確定基本主題，以及「創造」或再創造基本主題，因此在實際的崇拜裏，我們也不能分辨「教導式」和「復興式」的講道。
4. 參見 R. Bultmann, "New Testament and Mythology," (1941) in *New Testament and Mythology and Other Writings*, ed. Schubert M. Ogden, Philadelphia and London 1986, 1～44。
5. P. Ricoeur, "Philosophische und theologische Hermeneutik," in P. Ricoeur and E. Jüngel, *Metapher*, Munich 1974, 41；這裏區別「聖經世界」內的宇宙觀點、社會及歷史文化觀點和個人觀點。
6. 宗教已失去「對世界的畫像的控制」，來自 H. Lübbe, *Religion nach der Aufklärung*, Graz, Vienna and Cologne 1986, 10ff。
7. 我已經在這裏概略地敍述以下的概念（包括比喻）：G. Theissen, "Kunst als Zeichensprache des Glaubens," in G. Theissen, *Lichtspuren. Predigten und Bibelarbeiten*, Gütersloh 1994, 203～219, esp. 204ff。
8. 參見 H. Benesch, "Und wenn ich wüsste, dass morgen die Welt unterginge...," *Zur Psychologie der Weltanschauungen*, Weinheim and Basel 1984, 22ff。
9. R. W. Burrhoe, *Toward a Scientific Theology*, Belfast, Dublin and Ottawa 1981；我認為採用其建議更有價值，由參與美國期刊 *Zygon* 的團體而作。參見 P. Hefner, *The Human Factor. Evolution, Culture and Religion in Theological Perspective*, Minneapolis 1993。
10. 參見 G. Theissen, *Biblical Faith. An Evolutionary Approach*, London and Philadelphia 1984；G. Theissen, "Evolutionäre Religionstheorie und biblische Hermeneutik," *WzM* 37, 1985, 107～118。
11. 傑姆敦那篇講馬太福音二十二章 15 至 22 節（下文宣講例子四）關於納稅的經文選錄，可以作為一個政治講道的例子，當中的應用採用了社會學的眼光。當日的納稅與今天的納稅已有不同的功能，但面對任何把自己絕對化的權力時，要訴諸於人裏面的上帝形象，這則無論在當日或今天，都是重要的主題。

12. 參見 D. Mieth, "Narrative Ethik," in D. Mieth, *Moral und Erfahrung*, Fribourg 1977, 60～90；I. Mieth and D. Mieth, "Vorbild oder Modell? Geschichten und Überlegungen zur narrative Ethik," in G. Stachel and D. Mieth, *Ethisch handeln lernen*, Einsiedeln 1978, 106～116。
13. R. Hochschild, *Sozialgeschichtliche Exegese. Zur Entwicklung, Geschichte und Methodik einer neutestamentlichen Forschungsrichtung*, Heidelberg theological dissertation, 1993 (forthcoming)；這裏提出從十九世紀到今天的社會學研究的縱覽。G. Theissen, "Sociological Research into the New Testament. Some Ideas Offered by the Sociology of Knowledge for a New Exegetical Approach," in G. Theissen, *Social Reality and the Early Christians*, Minneapolis 1993, 1～29；我在這裏提出了一個摘要。
14. 參見 H. Lübbe, *Religion nach der Aufklärung*, Graz, Vienna and Cologne 1986, 127ff。
15. E. Drewermann, *Tiefenpsychologie und Exegese*, I.2, Olten 1984/85。無疑德雷威曼的默想（我不稱之為釋經），有極大的實用價值。他可以甦醒經文，作牧養工作、教導和宣講之用，但他並沒有指出所有觀點。
16. 參見 G. Theissen, "Identité et expérience de l'angoisse dans le christianisme primitif. Une contribution à la psychologie de la religion des premiers chrétiens," *ETR* 68, 1993, 161～183；T. Vogt, *Angstbefähigung und Identitätsbildung im Markusevangelium*。
17. 參見 K. Berger, *Historische Psychologie des Neuen Testaments*, SBS 146/7, Stuttgart 1991。我對此的反省可以在這裏找到：G. Theissen, *Psychological Aspects of Pauline Theology*, Edinburgh and Philadelphia 1987。我在這裏再次提到 M. Leiner, *Grundfragen einer textpsychologischer Exegese des Neuen Testaments*, Heidelberg theological dissertation 1993 (forthcoming)。
18. 關於「故事」對身分之形成的重要性，參見 D. Ritschl and H. O. Jones, *'Story' als Rohmaterial der Theologie*, THE 192, Munich 1976。
19. J. Scharfenberg and H. Kämpfer, *Mit Symbolen leben*, Olten 1980；非常有用。
20. M. Welker, *Gottes Geist. Theologie des Heiligen Geistes*, Neukirchen-Vluyn 1992, 49ff.
21. 參見下文宣講例子五；我在宇宙、社會和個人向度裏改變相同的主題、敍事或意象的其他宣講例子有： G. Theissen, "Cain and Abel (Gen. 4.1～16)," in G. Theissen, *The Open Door*, London and Minneapolis 1991, 1～9；G. Theissen, "Letters to Exiles (Jer. 29.1,4～14)," in G. Theissen, *The Open Door*, London and Minneapolis 1991, 24～32；G. Theissen, "The Sign Language of Baptism (Matt. 28.18～20)," in G. Theissen, *The Open Door*, London and Minneapolis 1991, 47～51；G. Theissen, "On Changing Human Beings and the World (Mark 13.28～39; Luke 13.6～9)," in G. Theissen, *The Open Door*, London and Minneapolis 1991, 67～78；G. Theissen, "Doubting Thomas (John 20.19～29)," in G. Theissen, *The Open Door*, London and Minneapolis 1991, 117～124；G. Theissen, "Lichtspuren (Mt 5, 13～16)" in G. Theissen, *Lichtspuren. Predigten und Bibelarbeiten*, Gütersloh 1994, 86～92；G. Theissen, "Von der Sorglosigkeit der Vögel und Lilien und unseren Sorgen um sie (Mt 6, 25～34)," in G. Theissen, *Lichtspuren. Predigten und Bibelarbeiten*, Gütersloh 1994, 93～96。

22. 參見 E. Drewermann, *Tiefenpsychologie und Exegese*, I.2, Olten 1984/85, 484ff。
23. 在反省寓意的恢復上，我要感激雷納（M. Leiner）。更多參見 C. Dohmen, C. Jacob and T. Söding, *Neue Formen der Schriftauslegung*, QD 140, Freiburg, Basel and Vienna 1992。
24. 關於在宣講裏做牧養工作的可能性，參見 C. Möller, *Seelsorglich predigen. Die parakletische Dimension von Predigt, Seelsorge und Gemeinde*, Göttingen 1983, 69ff。
25. 參見下文宣講例子一，傑姆敦的「硝皮匠西門與西門彼得」。
26. 關於把稱義的信息解釋為推動認知重組，參見 G. Theissen, *Psychological Aspects of Pauline Theology*, Edinburgh and Philadelphia 1987, 252ff。
27. 參見一位新約學者的簡短著作 H. J. Eckstein, *Erfreuliche Nachricht - traurige Hörer? Gedanken zu einem ganzheitlichen Glauben*, Neuhausen and Stuttgart 1986。

5

宣講作為講道者與羣體溝通的機會：宣講的傳播向度

在每篇講道裏，講道者與會眾都在建立一段關係。任何適用於傳播（communication ；或譯「溝通」）的標準，都適用於講道裏。一般傳播理論和心理學的方法，都對宣講作過適當的研究。我們辨別不同的傳播類型，找出成功傳播的規範標準。第一部分，我會概述一些傳播研究的結果，我認為這些結果有助分析和預備講道。接下來講道的形態的結果，是以由傳播倫理（communicative ethics）所發展出來的倫理標準為中心的。這裏我要特別強調在處理宣講之本質上具有決定性的一項價值：以真理為定向。我會以一整部分來談論這課題。

一 傳播的四個層面

所有傳播研究和傳播心理學的起始點，都是分辨任何傳播行為的內容與其指涉。我們可以按照舒爾茨．馮．生（F. Schulz von Thun）的做法，把指涉更進一步分為三個層次。[1] 傳播的

「發送者」（sender）往往在說話時，透露一些關於他或她自己的東西——通常不以文字表達，而是透過語調、姿態及其他涉及表達方式的非語義性細節。在這個層次上，每次傳播都有「自我傳播」（self-communication）的層面。同一時間，說話者（含蓄地或明確地）描繪了他們與談話對象的關係（relationship）。因此任何傳播行為也發生在較狹義的指涉層面。最後，每次傳播都（含蓄地或明確地）包括對受眾的籲請（appeal），即使只是籲請他們理解信息；但情況往往要求更多：總結、行動及態度的改變。加上主題的層面，我們得出以下四個傳播層面：

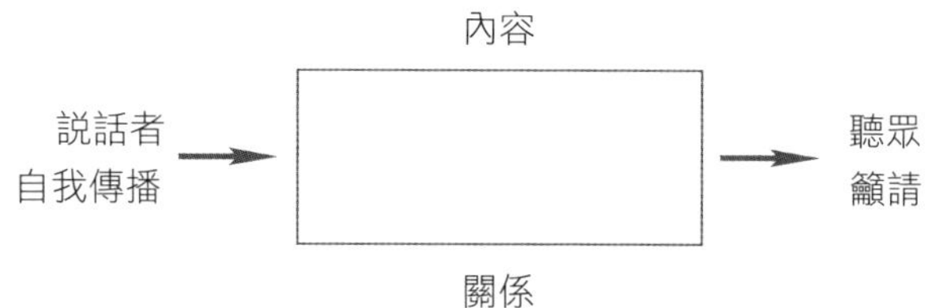

我舉一個例子。「窗子已經開得太久了」這句說話不但包括內容「窗子已開啟」，也隱藏了「我感到寒冷」的信息，及關上窗子的籲請。整個處境出現了一些相當肯定的東西，是關於說話者與聽眾之間的**關係**：說話者的位置，使他或她可能期望在說話後，有人會把窗子關上。

當傳播在每個傳播行為的層面上成功，傳播才算成功。因此每個層面都有行為的規範，合起來組成了傳播倫理，清楚說明假如我們要成功溝通，我們要有怎樣的表現。因此下文會描述四個傳播層面裏每個層面的規範價值。

舒爾茨．馮．生[2] 指出，成功傳播的規範，最能以兩極的價值（two polar values）之間的平衡來描述，以及描述為從誇大傳播價值而得的相反價值（或「非價值」〔non-values〕）的對照。聽起來好像很抽象，但以下的例子應該足以說明。

1. **可理解性**。成功傳播的第一個條件是，傳遞的內容（content）應該是可理解的——在易懂或明確清晰與模稜兩可之間取得平衡，[3] 即有能力容許言外之意與暗示來豐富任何客觀的資訊。與明確清晰相反的價值是含糊——一個不只是神學家也都會認為是模糊的論述形式。與模稜兩可相反的價值是淺薄瑣碎：所有東西都整理成賣弄學問或無意義的方式，我們不能於其中發現解釋上的逆流。電話簿在這種意義下就是瑣碎的和清晰的。我們可以視之為一齣戲劇，具有非常冗長的演員名單及非常簡短的情節。總而言之，關於可理解性（comprehensibility），我們得出以下之「價值方形圖」（value square）：

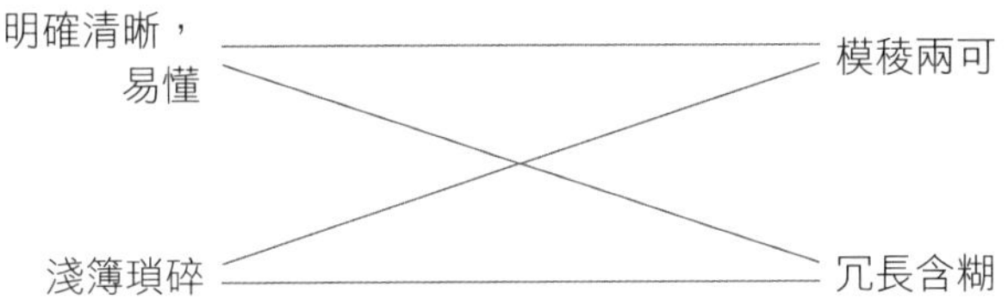

2. **本真性**。只要每次溝通都包括自我傳播，我們就期望講道是本真的（authentic）：說話者應該支持他們要傳遞的信息。他們應該說出他們的想法。但我們也遊走在兩個極端之間。一方面是一致的真實性（truthfulness），包括有能力表達自己的態度、意見和感受，即使這些態度、意見和感受可能是不必要的。另一方面是刻意營造的個人風格，使說話的果效得以發揮。這種風格也是本真的，因為風格與我們一起成長：毫無疑問，風格是我們的一部分。如果有人認為自己於此看見了非本真面目，這些人就是看不見真正的生命。與重視其產生的影響力的風格相反的價值是（錯誤的）魯鈍的率直，而與真實性相反的價值是非本真的面目。我們得出以下之價值方形圖：

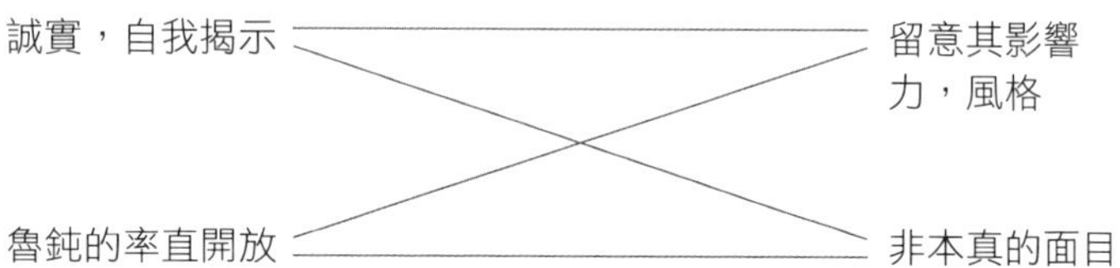

3. **尊重羣體**。任何傳播都含蓄地或明確地表達了說話者與聽眾之間的關係。我們期望溝通裏有尊重。同樣，我們要不斷在接近（proximity）與距離（distance）這兩極之間尋找平衡。一方面我們重視人應要接納談話的伙伴，並表達同理心。另一方面，我們期望機智與禮貌，即一個使人正視不愉快事情但不會造成傷害的距離。與機智相反、但有同情式尊重的價值，是虛偽的禮貌；[4] 虛偽的禮貌止住一切衝突。但真正的生命已經離開了，我們只看到一副和諧的面目。與同理心及接納相反的價值，是對別人作攻擊性的輕蔑。我們得出以下之價值方形圖：

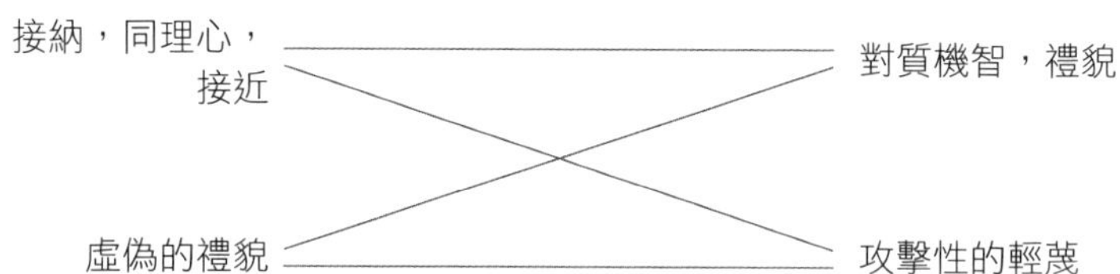

4. **責任**。任何傳播行為都包含籲請，並對聽眾有期望。這個期望也可以是一種「內在的」（inward）態度、理解、思想、解釋等。至少，任何傳播行為都期望有果效。尤其在單向的傳播裏，説話者的責任增加。他們有修辭權力（rhetorical power）。他們要為他們向聽眾説話所產生的影響負上責任，因為他們可以濫用權力。這種責任往往要平衡兩種價值：一方面是良好的能力去領導和提出定向，而另一方面是寬容，容許聽眾有空間，以及刻意限制説話者的權力。與這種寬容相反的價值是煽動（demagogy），即運用任何可能的修辭説服力：但用在可疑的目標上。與領導和定向能力相反的價值，是漠不關心的自由放任。那麼其價值方形圖就像下圖：

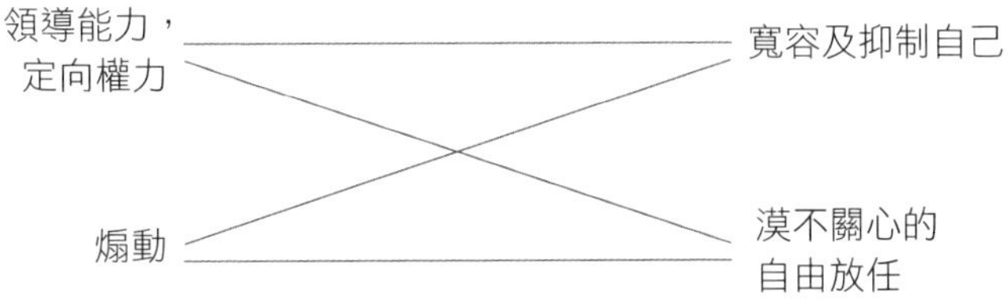

可理解性、本真性、尊重和責任，這四個傳播價值很大程度上與傳播倫理的價值有相似之處。我們可以按照哈貝馬斯（J. Habermas）的方法，規劃出在宣講裏成功傳播的四項條件。[5] 語言必須易於理解；陳述必須誠實；談話伙伴必須互相尊重，即尊重他者的傳統、信念和價值，即使這與我們的傳統、信念和價值不同；最後我們以共同關心真理作為前提，即準備順服客觀的標準。最後這點到目前為止仍未出現。我認為最後一點非常重要，以致要分開討論。順服客觀標準與傳播的層面有關，但對不同關係層面的各個方面都意義重大。因此在哈貝馬斯的傳播倫理裏，我們找不到説話者的責任，而這是可理解的。因為只有在藉説話行使權力和控制的地方，這種責任的問題才變得嚴重。以沒有控制的對話作為定向的傳播倫理，正是為了避免這種權力的行使。在這點上，這種對話沒有與實際活著的生命符應，卻與關於這個生命實際定向的觀念符應。

傳播以各種方式出現。傳播的風格也不只一種。對講道所作的實證研究，成功分辨出兩種講道的基本類型：個人對話的講道風格和教義見證的講道風格。[6] 我們不難把這兩種傳播類型放入我們的方形圖裏。教義見證的宣講風格，是以基督教信仰的信念和規範作為定向；而個人對話的風格，則包括：談及講道者個人，以及刻意運用講道者與羣體的關係：

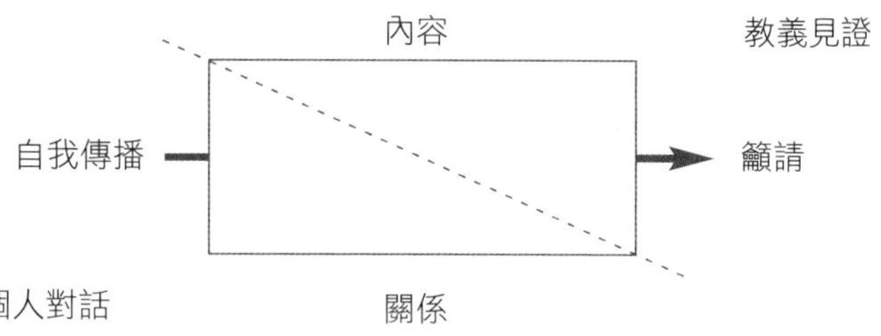

我們可以按四種類型的講道者作進一步的區分。那是根據黎曼（F. Riemann）得出之闡述：[7] 登尼克（A. Denecke）把他們描述為淵博的講道者：宣講知識（knowledge）；負責任的講道者：宣講秩序（order）；可變的講道者：宣講自由（freedom）；以及敏銳的講道者：宣講愛（love）。[8] 當然這些只是理想類型（ideal types），但可以包含複雜多變的現實。宣講知識的講道者幾乎自動地集中在內容的層面；宣講秩序的講道者視經文為「呼召層次」的可靠結構；宣講自由的講道者把主體性以最自由的方式加入傳播裏，甚至達到一個程度：超越了傳統規範；而宣講愛的講道者則關注同理心和親密感（參右圖）。

當然，其他傳播類型分類法與相應的性格分析，也能被描述出來。舒爾茨・馮・生分辨出多達八種的傳播類型：[9] 堅持的、忘我的、貶斥的、論證的、定義的、操縱的、抽離的和戲劇性的類型。不管怎樣辨別和區分，每個人（往往在不知不覺中）都由

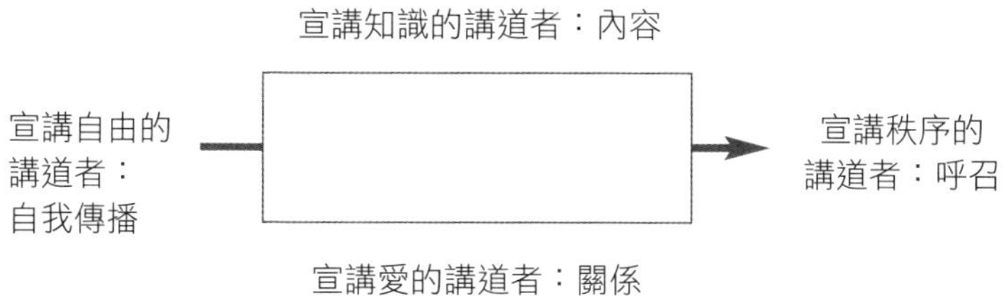

宣講知識的講道者：內容

宣講自由的講道者：自我傳播 → 宣講秩序的講道者：呼召

宣講愛的講道者：關係

這些傳播類型的前提所控制，即由經驗和行為上的個人性原理所控制。例如，忘我的人靠著這句屬靈原理而活：「我本身是沒有價值的，只有在委身給你和其他人時我才會有用。」[10] 貶斥的人信奉這句屬靈原理：「我有點不對勁，我沒有一件事能做得好。若有人注意到，這就會惹來麻煩，我會被人無情地嘲笑和看扁。」[11] 講道者與其他人一樣都是人，他們有破壞性的和建設性的屬靈原理。他們全都有必要為了自己而克服他們片面的「內置程式」。全神貫注於聖經記號世界可以幫助我們。我們若在深層的默想裏，把這個世界帶進自我的深處，我們就可以讓其「原理」影響我們——這影響發生在我們生命裏面舊有的屬靈原理之內、與這些原理一起、並在這些原理之下。例如忘我的人可以學會（不只是在頭腦上，也以充滿整個生命的方式）：「我是一個有無比價值的受造物。」而貶斥的人可以學會：「我很好，我的錯誤不會摧毀我。」只有當他們讓生命裏有意識和無意識的動機，認真地浸淫在基本聖經主題裏，講道者才能成為可靠的見證人——重要的是，讓那些在他們與聖經信仰世界相遇時所產生的張力改變他們。

二 宣講的形態的結果

講道是一個單方面的傳播形式。但這也是講道者與羣體之間全面談話的一部分。有些宣講是講道者對以往的談話的一種回應；有些在羣體裏的談話則是對講道的回應。然而，宣講是一個單方面的傳播形式。宣講無可避免地會被批評為一個權威性的講話形式。儘管面對這種批評，但對話式的講道也未為人接受，或者仍然遭到非議。相反，獨白式（monologue）宣講卻仍然有其位置，其原因關乎所有四個傳播層面：

（1）**內容**。我們往往讓有見識的人有機會以連貫和小心的方式表達他或她的思想。這只能出現在一個較長的論述裏。而民主並不只由討論的文化來維繫，也有賴公開演說的藝術。沒有演說，公眾論述就會流於膚淺。沒有講道，教會裏的神學反省也會流於膚淺。

（2）**傳播時使用攏統通稱**。[12] 與談話比較，沒有會後討論的公眾演說，在某程度上給予個人較大的自由，讓聽眾決定自身要接近還是抽離主題。因為在談話裏，個人往往被要求選定於一個立場並說出他們的想法。因此，尤其是那些與教會保持一定距離的人，喜歡聽道多於參與面對面的談話。

（3）**指涉的程度**。在這點上，講道有不足之處，但也有獨特的機會。任何討論小組都會出現不同的差異：對主題或人抱不同的態度。在講道裏，所有人原則上都一樣接近和遠離主題和講道者。在某程度上，只要講道者不過分強調自己的職權，使自己置於羣體之上，講道就會較為「平等主義式」（egalitarian）的了。

（4）**表達的方面**。講道在這點上也有其獨特的機會：自我傳播和自我揭示皆能造成傷害。沒有人可以完全控制談話的進程。因此在談話裏較大程度的自我揭示之自發性，其自身將會受到限制。

即使講道是單方面的傳播，傳播倫理的所有標準都可以應用在講道上：可理解性、本真性、尊重、責任和關心真理。但這些標準必須清楚說明是關於講道的。

1. 可理解性。一篇講道，是一場在有限的時間內、但在其他講道那無限循環裏的公開演説。假如在這個情況下，聽眾明白和完全理解這篇講道，這篇講道就是在修辭技巧上運用得當。講道要求的不僅是清晰的語言，也需要成功得到聽眾的注意、尊重聽眾有限的注意力，並使他們的注意力集中在重點上，諸如此類。所有這些都是為了在冗長的公開演説框架裏，提高講道的可理解性。

2. 主體的本真性。講道者不但必須誠實説出自己的心聲，他們的生活也要被判斷是否與講壇所宣講的相稱，或他們是否能有説服力地處理信息與生命之間的矛盾。

3. 尊重羣體。只要我們認真地聽取聽眾的規範、價值與傳統，尤其當我們想反駁他們時，我們才能説服他們一些東西。當然，這是有限制的：講道者不能也不可以讓聽眾有一個印象，就是講道者接納聽眾的偏見——一些實際上講道者自己也不接納的東西。他們若這樣做，就會失去公信力。但無論如何，有計劃地輕視聽眾（正如在一些辯證神學的分支裏），就是違反了傳播倫理。

4. 責任。只要這些講道者的説話是來自他們的行為，並且沒有受一種身不由己的環境所左右，所有講道者都要為他們説話的後果負責任。我們不應該把一篇講道結果的責任完全推卸給「聖靈」，或屈從地交給破壞説話果效的「邪靈」。可是，只有當我們清楚知道自己可能造成的影響時，我們才能負起責任。因此，講道的實證研究，對講道者的倫理要求是非常重要的。這些研究闡明講道者可以做到甚麼——但不涵蓋所有講道所引發的影響力。

5. 關注事情的真理性。若講道者明顯地只關心説服聽眾，他就不能使聽眾有任何得著。公信力來自全神貫注於一個主題，並服從該主題的標準。我們用普遍的真理和基督教的真理來量度講道。要對一篇講道下定論，其決定因素不是這篇講道與客觀真理的距離是近是遠，而是這篇講道對真理的意圖是甚麼。

這五個標準之間的關係並非沒有張力。有些本質的問題不能在十五至二十分鐘內、以適當的修辭技巧來處理。主體的本真性和對羣體的尊重，影響講道者和聽眾的身分，這關乎講道者的自尊和他或她對他者的尊重。這兩者之間可以有張力，例如一位自由神學家要向一羣有基要主義特徵的會眾宣講（或相反，一位基要主義神學家要向一羣自由主義的會眾宣講）。在這種情況下，講道者可以說出真心話而不惹起會眾的憤怒嗎？為了機智和尊重的緣故，他們要回避那些具意見分歧和會引致冒犯的重點嗎？

在討論個別標準的時候，我們必須反省的是，問題永遠不能以一個準則來處理，不然，它們之間就沒有潛在的張力了。

1. 可理解性

以下的反省，只是我對一個值得我們仔細研究的主題所作的旁註，其重點是可理解性——包括最基本的假設，即聽眾的注意力。在講道裏（及不只在講道裏），「不可理解性」（incomprehensiblity）嚴重地違反了傳播的倫理。但怎樣實現容易理解的講道？又易懂又充滿言外之意的講道是怎樣的？

首先要討論演說的風格。講道應該平穩流暢，或者為了講道中風格之變化而使用一個較快的速度。我們也需要停頓，使句子和說話發揮作用。抑揚頓挫和活潑的語調使我們更容易聆聽，要避免單調無變化的語調。但最重要的是，講道不應只是照稿宣讀。講道不是為講稿而設，而是講稿為講道而設的。我們看到講稿是一件好事，那代表講道者有預備。但我們若忘記講稿的存在，若講章好像重新活現於講壇上，成為新的思考、新的闡述，而同時講道者正看著我們的話，那就更好。因而，我們肯定講道者不是讀出早已預備的句子，而是真實地向我們說話、向實際在場的人說話。[13] 儘管我們可以練習及學習這種自由的演說，但這種演說卻不常出現。講章通常是被讀出的。過不了多久，這種演說就會變成書面演說，即一篇基本上向不在場的人說話而作出的演說。

若我們問那些聽道的人，怎樣才是適當的說話方式時，我們就立刻挑起了他們對一些在教會裏特別的說話方式的抗議：反對迦南父權語言、反對現代教牧術語、反對學術公式的煙幕。他們說得對。然而，要求宣講運用日常語言是片面的，甚至是誤導的。[14] 因為任何良好的風格，都會慎重地偏離正常的語言。我們只會把太頻繁和重複的偏離（deviation）視為造作；我們只會把常規化的偏離視為術語；我們只會把那些外人難懂的偏離視為精英主義。但我們欣賞輕微的偏離，稍稍與日常語言疏遠，使我們以新的眼光看熟悉的詞語；在新處境下以不常見的方法運用傳統聖經語言；以幽默雙關語玩弄熟悉的術語。因此把某些特殊的詞語納入褻瀆詞語之名單是錯誤的。一個詞語在文體上是好是壞並不在其本身，而是在其運用。因此講道的語言並沒有忌諱，儘管我們要為所有偏離某獨特羣體的正常語言作出估量：這些偏離是要成為大家共同語言內的偏離，而不是變成另一種語言——變成迦南語言、行政化的基督教語言或學術化的深奧語言。宣講的語言往往與日常語言有少許分別。宣講的語言應該結合清楚易懂與模稜兩可。因為我們必須把我們日常的意識向這位全然的他者敞開，藉以與上帝接觸。宣講的語言往往是一特殊的方言（dialect），更準確地說是「社會方言」（socialect）。假如我們希望排除這種方言的所有元素，我們就要連「上帝」、「恩典」、「寬恕」、「悔改」等詞語都要刪去，但那是不可能的。宣講的語言也許是一種獨特的「方言」，但必須是在我們一般所用的語言內的「方言」。宣講的語言應該是一個活的、而不是歷史上的「方言」。

講道可理解性的另一個條件，是讓人可以明白講章的結構。[15] 這不是指一個只能被學術分析和發現的精密結構模式，而是指把講道建構得引人注目。一篇講道本身必須強調一中心語句，必須以一個重點來結束，必須是一個統一的整體。我聽過很多講道實際上是三篇講道的結合。我們透過指出主題和透過重現相同的意象、短語和主旨而創造統一性。我們可以把個別部分的結束塑造成像副歌一樣。但沒有一個統一的整體可以完美到一個地步，以致講道可以被預料；相反，巧妙的地方在於引發期望，並回顧那期望得不到實現的地方，從而作出修正。慎重地偏離聽眾的期望，其原則也在這裏適用。這種「慎重的偏離」創造明確清晰及模稜兩可之間的平衡，這是吸引我們的地方。

另一種引發期望的方法是有條理的分段。枯燥地說「第一、第二、第三」，是相當不合時宜的，分段之間要有連接。例如我們可以把一篇以「曠野」為主題的講道，分為三個踏足曠野的意象，或我們可以詢問三位專家某個問題，或探問關於我們會帶到荒島的三件重要東西，[16] 或與三件在教會裏所遭遇到最令人氣憤的事情關連起來。我們不是用數字，而是用分段來吸引人的注意和引發他們的期望。

若有人在講道裏喚起一些期望，他就必須在講道裏滿足這些期望。他若說得有說服力，講道就會有一個具生命力的結束。這將表示，講道回到開始時所用的意象、開始時所提出的問題、講道內另一個集中的意象的使用，以再次說明重點。這不應是一個摘要。相反，即使在講道的最後總結裏，包含慎重地偏離目前的論點，例如一個重點、一句令人驚訝的短語，也是件好事。

我經常間接地提到，可理解性的另一個標準：生動活潑。講道者不能只談抽象概念，不論這些抽象概念如何正確和希望顯得如何有人性。一篇二十分鐘的演講，在聽眾的記憶裏，原則上是意象和敍事或敍事的片段。因此重要的基本原則是，講道不能缺乏意象或敍事。但意象和敍事這些元素本身並不保證成功，兩者必須與講道的論點結合。試想想我們在講道裏，曾經聽過多少個牽強的故事？這些故事不是沒有被鑑定，就是與講道概念相反。有多少意象只屬裝飾！然而每個意象都有其本身的價值，就是指向其修辭功能以外的東西。成功的意象結合了清晰和模稜兩可。

最後，有另一件事是我們希望出現的：一篇講道的演講形式，應該通向人與人之間的關係，帶領人朝向應許、鼓勵、邀請、慰藉。

2. 主體的本真性

嚴肅地關注誠實的新教徒，經常有這種說法，就是講道者應該只說出他們的想法，他們應該只見證在他們生活裏發生過的東西。而毫無疑問，當我們聽道時，我們可以分辨一篇講道究竟是以講道者的生命為背景，還是只是所傳遞下來的傳統，但很難說明我們究竟如何發現這兩者的分別。

我們在講道者所運用的語言形式裏，能發現到講道者身在其中嗎？我們察覺到有人正在打開自己，放棄傳統的思想模式嗎？但有時教牧關心的「姿態」不是使我們惱怒嗎？特別是，完美的情緒演示，不是使我們與講道者疏遠嗎？我們不是經常不能確定，究竟我們是與講道者自己相遇，還是與講道者的風格相遇？

還是我們根本不能把兩者分開？因為人總會為自己作點事前準備。但人遠不止於此！

還是我們在講道者明確地談及個人以往的經歷和苦難時發現本真性？但任何聽過道的人，他若對人性有一些認識，就知道我們不會在不扭曲的開放性裏與他者生命相遇，而總是在特別的風格形式裏與他者生命相遇。講道裏的人與真正的傳記人物並不完全相同；這個人是講道者希望向會眾呈現的人：經過篩選的、一幅片面的圖畫。但這是件好事：若講道讓我們看一幅講道者的心理圖畫，而非告訴我們一個信息，那將會很痛苦。

我們應該清楚地認識到，講道者本人在講道裏是一個具有某種風格的人。[17] 講道者的本真性是關乎自我揭示與自我風格之間的平衡。要批評的不是這種風格化，而是其方式。我們需要問：講道者可以把他們的生命與他們的委身帶進講道裏，以致他們的生命與委身具有示範和代表的意義嗎？以致其他人在講道者身上認出自己？以致其他人在講道者本人身上，認出生命與信仰更廣闊的結構？這種個人風格是必需的。講道的主體本真性，不在於直接報導講道者「不潔的」主體性，而是在於刻意形塑講道者自己的思想、感受和生命，以致也對其他人有用。但這並非講道者的整個生命。因此基本的原則，不僅是講道者只說出他們的想法和見證在生命裏產生共鳴的地方，而是也必須輔以另一個原則：講道者不需要把所有的想法說出來。他們不需要把他們關注的所有東西都放進講道裏：有時候他們根本未能「客觀地」說出這些問題和困難，以致未能把這些問題和困難提升至超越自身那有限的主體性。

但講道裏要包含甚麼？肯定不只是那些講道者認為自己已經完全掌握的問題和經驗。這裏可以應用慎重的偏離這個原則。有些問題與經驗是我們永遠不會完全掌握的，但我們可以負責任地應付。我以兩個方向說明這點。第一，處理關於（教牧）角色的期望，以及第二，處理我們都有的、不合基督徒身分的「陰暗面」，即那些與基督教信仰和基督徒生活的一般期望有抵觸的生活範疇。本真性的出現在於如何處理兩個互補的方面：即講道者的角色和講道者其不合基督徒身分的陰暗面。

可是，我們若認為本真性只能透過突破角色期望才能出現，以及認為生命與預設的期望一致是在本質上非本真的，那便犯了很大的錯誤。一個簡單的反省就能反駁這種說法。我們刻意選擇講道者的角色，沒有人強迫我們這樣作。任何人若只能透過強調這個角色才能塑造自己的風格，他就會失去公信力參這類人應該尋找另一職業，或全盤招供為何他或她儘管具有種種問題，仍然認同這個角色。在這個個人主義的社會裏，沒有人會期望完全認同一個角色。這種認同永遠都只是局部的。與一個角色保持某程度的距離，在今天是角色期望的一部分：一位好教師不會只是位教師；一位好政客不會只是位政客；一位好總統不會只是位總統；一位好教牧不會只是位教牧。慎重地偏離角色的期望，是我們想要的東西。

另一方面，我們要處理講道者陰暗面的問題。每個人裏面都有一個角落，這個角落不但仍未被基督教化，甚至對基督教有隱藏的猜疑——即否認一些對其他人來說是有價值的和重要的東西。講道者可以假設，會眾裏很多人都有這種情況。他們若徹底處理自己這個問題，並在問題裏成長，他們就可以成為模範，使其他人也可以處理他們的「陰暗面」。[18] 講道者也許表現出，他或她的內心與傳統和教會的一些範疇發生衝突，但講道者應該謹慎地決定他們所選擇的範疇。至少，我認為一位天主教神父在一次基督教婚禮裏的控訴非常可信：「有些教會法則是苛刻的，有些對我們所有人來說是令人難堪的。」

我們在其他標準下遇到不同形式的本真性問題。因為講道者的憂慮就是：對羣體信仰的尊重，驅使他們與務必誠實這要求產生衝突，而這是不能化解的。另一項憂慮是，對基督教信仰與規範的全面的覺醒並因而引起的張力變得太大：例如歷史鑑別學與傳統教義學之間的張力。

3. 尊重羣體

任何成功的溝通都假定了對其他人的身分的尊重。這是說，我們應該檢查我們的一言一行，不但注意我們是否一致，而且也注意這些行為如何與我們羣體的規範與信念相關。沒有人有權不斷説話和行動，而不先細想一下其他人的反應。

講道者設法尋求共識。當我們知道我們與對方在基本問題上是一致時，就會較易得到尊重和尊敬。因此每位講道者都有一項重要的任務，就是要發現藏於表面分歧下那些共同的信念和價值。上文所述那張基督教信仰基本主題的清單，在這裏應該有用。這張清單不是不可更改的，是可以有所增補的，但這張清單帶我們回到基本的問題，這樣可以滲入那在教會和神學裏對立的自由派和保守派之中。而特別的地方是，儘管有分歧，這張清單也可以幫助維持和表現相互的尊重。

但每篇講道要傳遞的尊重不止於此。講道不是針對有甚麼共識可以達致，而是針對整個人。講道有愛的特質。[19] 愛，明知被愛者有很難包容的古怪方面，但愛，仍然抓著那被愛的。講道者如何表現這種尊重？

任何講道都能表達同理心。這對日常公共語言以外的生命範疇來説，尤其真實。日常生活有很多未被公認的焦慮和渴望，它們伴隨、充滿和折磨著日常的生活，那是沒有對他人說出來的。例如，人們渴望愛和溫柔（經常以不涉及真實伴侶的幻想形式出現）。他們對病痛或死亡感到焦慮；或對實現目標或需要克服障礙而感到焦慮；或他們只不過被羞恥所束縛，因為他們是惟一有某個獨特問題的人；或對命運的不公有根深蒂固的怨恨等等。大部分人在日常生活裏，都控制到這些焦慮和渴望。這些焦慮和渴望只會在嚴重的神經官能症（neurosis）出現時，才會對日常生活構成直接的影響。在這點上，講道者也可以是一個不完全的人。除非講道者認識他們裏面所有這些焦慮和渴望，否則他們如何可靠地表達這些焦慮和渴望？除非他們向生命未知的方面開放自己，否則他們如何可以幫助其他人向生命未知的方面開放？這與我的觀察吻合：就是好的講道者——尤其是看上去顯得「情緒化」的講道者——常常是高度神經質的。那些從容自在及平衡的人，常常沉著地避免生命裏散亂的情緒背景。

同理心與接納是一起的，但接納不止於同理心。接納不僅關乎理解那些非常有力的細小渴望，而是關乎接納那活生生的生命。接納，逃避教會與社會的規範。講道有一重要的任務，就是要創造一個接納所有真實行為的風氣。但弔詭的是，這也包括接納「正常情況」。因為在現代的悲觀社會裏，那些過著「正常」生活道路的人，往往難於向人解釋這條道路。為甚麼他仍然與首位妻子在一起？是否出了一些毛病，或他是否只是把一些問題掩蓋起來？無疑在今天，有時社會虧欠這些過著保守生活的人很多，這些人也需要一些「安撫」。

尊重會眾也包括接納會眾對講道者的期望，因為我們在這裏參與直接互動。會眾是為了聽道而來。但正是這個期望，與要求過多的希望結合起來，並包含大量潛在的衝突和失望。這些期望是：

第一，專業能力。講道者對聖經有研究，並認識教會和神學。這個期望是合理的，即使講道者經常因為在研究過程中有很多過失而不能滿足這個期望。

此外，講道者應該是信仰的代表。至少在會眾的眼中，講道者應該已經克服所有煩擾基督教信仰的困境和問題：設法解決來自意識形態的貶抑、歷史鑑別學和科學懷疑主義等問題。

但最重要是，人們仍然期望講道者有魅力。人們期望講道者有無法說明的光環，他們在這光環裏可以發現聖潔。對於很多人來說，講道者在他們能力範圍內是超然的。但誰可以滿足到這種期望？

尊重羣體的期望需要兩種東西：滿足這種期望，但也要糾正這種期望。沒有講道者對神學無所不知；沒有講道者可以完全解決信仰的問題；沒有講道者擁有聖潔的魅力，除非他活在非常世俗和有問題的人中。尊重他人是不斷地包含著一個提醒的：講道者是真實的人。

我們不能想像尊重羣體並不包括同理心和接納，但尊重羣體不止於此。我也透過責備他人來顯示我對他們的尊重。尊重會眾，包括有自由以一個見解來與他們對質，並知道有些人會拒絕這個見解，以及有些人也許永不被這個見解說服。若有人避免與會眾對質，原則上就是不尊重會眾。講道者的基本態度愈正面可靠，講道者就愈能冒險作出對質。當然，這裏也許會出現攻擊的元素，但機智和幽默可以使攻擊較容易被接納——但卻不能壓制攻擊。因此尊重羣體往往關乎如何平衡接納與對質、同理心與抽離的態度，這種平衡維持著距離、親密感和遙遠感。只有那種帶輕蔑的攻擊會破壞關係。當有人無心地表示「我認為你算不了甚麼，我無法忍受你」，這是具破壞性的。這種經合理化的批評，可以引致態度變得更差，而講道者也要為這類無心之失負上責任。這帶領我們到最後的傳播價值：責任。

4. 責任

誰會否認講道者也要為自己説話的後果而負責任呢？因此他們在宣講時，必須永遠緊記這點？然而我們可以運用前現代與現代的理論來解除我們的責任。傳統神學教義指出，最終是聖靈為宣講的果效負責。現代傳播理論聲稱，在任何情況下，聽眾都在運用很多「過濾器」，讓他們只接收到自己所需要的東西。[20] 宣講似乎是一種形而上的慰藉行為，好卸下那些在生命裏不能解決的殘餘重擔，以致我們可以一如以往般繼續生活。

對於講道者來説，這種能力上的限制是羞人的，而對於很多神學家來説卻是考驗。宗教改革運動的教會豈不是特別有一個信念，就是上帝的話語有能力改變生命嗎？但上帝的話語只會透過信心而變得有效，即透過個人的自由意願，沒有強迫，包括心理強迫。在宗教改革運動的時候，出現過一種心理強迫的威脅，是以憂慮地獄刑罰的形式出現的。當宣講的話語和個人的信心成為傳遞救恩的關鍵項目時，由中世紀後期教會系統所產生的焦慮便迅速蔓延。在那時，宣講有釋放的能力。但今天，我們豈不是主要經驗宣講的軟弱無力嗎？

在面對一些經常經驗到的、以及每位講道者都開始知道的限制時，我們若主張宣講應該自我限制，這也許顯得弔詭。宣講應該對生命有所影響，但同時間，它應該是信息傳遞，而在最後階段，是由聽眾去決定甚麼影響和不影響他們的生命。

我們可以從以倫理為定向的講道來闡明這個問題。這些講道是絕對必要的。任何人以「律法主義」來摒棄這些講道，就是未明白這種講道對生命的意義。今天關於十誡的講道仍然可以在各處聽到。在一次一系列的講道裏，我要負責一篇關於誡命「不可姦淫」的講道。[21] 我發現，這篇講道正在介入一個人們今天希望擁有和要捍衛其自由的領域。沒有人希望鄰舍、國家或教會在這個領域內說話。市區內宣傳這次講道，視之為整個講道系列的其中一部分。我聽見有些人說：「我們不會去，我們不想聽這個話題。」然而，教會的人數比平時多。我的講道平衡了接納與定向。一方面，依照著我自己的信念，我要接納已出現的各種生活規範；另一方面，也依照著我自己的信念，我要說明為何對我來說，婚姻有聖約的意象，並且遠遠超越人類層面。我希望每個人都感到，我尊重那選擇其他生活形式的決定，而在這些生活形式裏，我發現人們為了有人道的生活形式而掙扎，而我所分享的規範與價值也在此起作用。我深信以這個方式來贊成婚姻，較一篇談及婚姻但沒有其他選擇的講道更有果效：我得見這樣的一個徵兆：就是那些說過（因為上述原因而）不會來教會聽我講道的人，之後抓住那段經文——而他們肯定不是以閱讀這段經文來回想並肯定他們此前的決定是合理的。

在這點上，大學城內的羣體可能與別處的人有不同的反應。我們常常聽到一個說法，就是一般人需要清晰的指示，因此我們說話要帶有權威。我對此表示懷疑。簡單的人和受過教育的人，都需要清晰的指引，但兩者同時都極不樂意自己的自由領域被限制。可是，這些自由領域在不同的社會氛圍裏有不同的模式。在大學城內那些真正可以選擇的東西，在其他地方卻不太可能可供選擇。但在任何生活領域內都有不同的選擇。在任何社會和道德氛圍裏，我們都要作出決定，而決定必須處於有限的生活領域內。

在這裏，相同的問題在不同的地方出現：人們在面對幾個可能性時，會努力維護他們的自由，即使他們在心裏已選擇了某個可能性。那些決定了一個（他們所喜歡的）可能性並說沒有其他選擇的人，他們自然會遇上阻力：心理學稱之為「對拒」（reactance），日常心理學稱之為「固執」。但在這兩個情況下，我們明白，一個人能夠自由選擇某些東西，比外間強加在他或她身上的東西，在他或她的生命裏會更為永久。

我們已經以一個倫理決定來討論這個問題，但這也適用於所有決定上。這對於基督教的基本決定來說也是一樣。心理強迫和社會壓力都不能在這裏達致甚麼。相反，人們感到與教會和信仰疏遠，但卻又密切地與之連繫，這才使他們一生為內在和外在強烈的抽離感而戰。

負責任地宣講是指反省講道的影響和限制。講道者在這些限制內的責任重大。假如講道者強迫他人接受甚麼是重要和有價值的，他們就仍未理解這種責任。當他們平衡清晰的定向與尊重他人的自由這兩方面時——包括他人有自由回避他們所說的東西時——他們就認識到這種責任。

路德（M. Luther）曾經對這個問題作過一個值得我們思考的註釋。他談及一位希望使整個國家歸信、但連一個人也領不到歸主的宣教士。這位宣教士抱怨他的際遇。但路德訓斥他說：「他不能接受這挫折，這肯定代表了他所懷的：是惡意。」

三 成功傳播的先決條件：關注真理

只有當所有人認真地看待客觀的真理時，傳播才會成功，這對於所有領域的傳播來說也是一樣的。經濟學裏的傳播，必須服從經濟理性（economic rationality）的標準；法律領域裏的傳播，必須服從法律；政治領域裏的傳播，只能在憲法的框架和精神裏進行才能成功。在教會內也有一種特別的神學「理性」。但除此以外，所有領域裏都有一種人類普遍對真理的意識，而這種意識是不分領域的。這種意識在教會裏有一個特別的位置，因為這與臨在於所有實在領域的上帝有關係。這種對真理的渴求，使異議與衝突變得可以忍受。其前設是：雙方都容許自己在衝突裏被關注的真理所約束。只要情況如此，人與人之間的尊重就有了基礎，並抵消了所有因衝突而引致的冒犯。

關於宣講，我們可以集中處理一個在很多講道裏都變得尖銳的問題：歷史學和人類學對聖經和宗教的領悟，可以使一般基督教意識陷入重大的詮釋衝突。會眾中只有很少人會注意到，歷史鑑別學視很多卷新約書信為「非本真的」。這些書信是託名的著作（pseudepigrapha），即著作歸入另一個人名下，而且不常常帶著善意的「信心」，有時甚至是故意暗示其本真性的（我們甚至可以說是帶著欺騙的意圖）。會眾中只有很少人會注意到以下這種講法：西乃頒布律法的神話（myth）是一個出色的故事（fiction），出色的地方在於：這個故事讓作為猶太人獨立生活的基礎的律法，有了起源和合法性，而不用受任何國家法制的限制；即使被外族統治，猶太人也可以活在妥拉之下。同樣，不是所有人都知道，歷史鑑別學對關於耶穌的傳統所作的所有衝擊，不管這種鑑別學常常丟下歷史可信性的限制，並在耶穌四周創造一個科學化的故事的新光環。活躍於教會的真理命令，不容許我們權宜地宣稱兩個真理：給羣體的有限真理和給神學家的啟蒙真理。相反，我們要明白聖經內（及所有宗教傳統內）「虛構性」的語言（fictional language）隱含的獨特真理。換言之，即明白聖經詩歌：識別以一層薄紗覆蓋聖經裏所有東西的「神聖詩歌」——包括聖經所見證的真實歷史場景和事件。

在這裏，宗教傳統的任務與真正詩歌的任務有些不同，即使在我們眼中，前者也是詩歌。真正的詩歌不會隱藏其虛構的特性。所有讀詩歌的人都期望進入意義的領域，這領域是由人類創作的，即來自幻想。處理偉大詩歌的成熟方法，是認出這些虛構的文本內隱含的實在，並喜悅以詩歌方式所傳遞的知識，多於享受其美麗和使人愉悅的感覺。偉大詩歌是痛苦的和悲慘的，並為荒謬賦予形式，而不是美麗的和使人愉悅的。

在宗教文本裏，起始點是不同的。宗教文本以於傳統上被宣稱為確實和真實的面相，來與我們相遇。宗教文本不是要帶我們到一個虛構的世界，而是到一個關於上帝與人類的真實歷史裏。在這裏，成熟的過程展現於聽眾和讀者能夠逐漸清晰地認出，那幾乎遍布敍事與傳統裏那虛構性之光環（fictional aura），並不會被視之為謊言、欺騙和胡說，反而是實在的延伸、人類自由的發展。

但我們如何能把這點傳遞給一般會眾，而不給他們帶來重大的不安？開始時，我們最好不要透過經文去闡明「虛構式」的真理，而是透過自己創作的文本去闡明。此時所有人都可以公開地經歷「創作」的過程，之後我們可以談及經文。我不能討論聖經所有的「虛構的」形式，因此我在這裏只談及神話、傳說和託名的經文。

為了證明一些神話的功能，我希望講述一個虛構軼事，是關於休伯特斯（Hubertus）與休伯特（Hubert）這兩叔姪的。叔叔休伯特斯有一個異常長的鼻子，因此他從小就被人嘲笑。他的小姪兒休伯特天真爛漫地問他：「為甚麼你的鼻子如此大？為甚麼其他人的鼻子，例如我的鼻子，與你的都不一樣？」叔叔回答：「事情是這樣的。當我們被造的時候，我們是最後被分配鼻子的兩個人。當我看到你的鼻子時，當然我伸出手去抓。但創造主十分堅定地說：『不要碰那鼻子，那個鼻子是腐爛的，我有另一個適合你的鼻子。拿去吧，這是世上最好的鼻子。』」

我們可以從這個簡短的創造神話學到甚麼呢？這個神話幫助們克服偶發性。在這個情況下，一個異常大的鼻子，對叔叔休伯特斯來說，幾乎成為一個羞辱。故事本身是虛構的，但那個大鼻子及從社會來的拒絕卻是現實的：而現實的是，我們的軀體不是由我們控制的。但虛構的神話把這個有需要和有限制的現實變為自由：當事人接納他的生命，彷彿他希望是這樣而不是別樣。虛構性光環創造了自由。

我們也可以把這種見解放在聖經的創造故事上。聖經的創造故事有神話的特色，即使顯然與普遍古代近東的神話不同。對我們來說，關鍵的地方在於創造結束時也有價值判斷：「看哪，一切都甚好。」敘事的目的，是要聽眾認同這個判斷。世界及其結構的存在是給定的（given）——並且是偶發地被給定的——但贊同與否，則是一個自由的決定。

我以一個傳說（legendary）作為第二個例子，這個文本與一個真實的歷史人物連繫起來，但本身卻是非歷史的。當這種故事主要被置於世俗場景時，我們就稱之為傳說。當故事被置於教會場景時，「傳奇」（legend）這個詞語則較合適。但我們並不關心其分別。故事始於一個現代的家庭傳奇。這是一個德國家庭的一個傳統：曾祖父在一八七〇／七一年的戰爭中走到荷蘭，以避開參與跟法國的戰爭。這個家庭以這位先祖為榮，因為他反對戰爭。其中一位曾孫是讀歷史的。他把歷史鑑別學的方法應用到家庭傳統上。在這個情況下，他發現在德法戰爭時，曾祖父只有十五歲。他所謂留在荷蘭，不可能是源於希望回避服兵役。而他在那時候究竟是否身在荷蘭，這點也是不肯定的。此外，這位曾孫發現，關於曾祖父這位和平主義者的家庭傳奇，只在一九一九年之後才被人講述。也許這個傳奇是一個虛構的歷史，而這個家庭以此來反抗第一次世界大戰這件可怕事情。這個家庭應該把曾祖父徹底「非神話化」嗎？還是應該忠貞地保存家庭傳奇的真正信息：即反戰呢？這個信息事實上與這傳統的史實性（historicity）無關。或者，這個傳奇能否來自一項事實，就是這種對戰爭的反抗，得到歷史上的曾祖父的支持？因為不管他在一八七〇／七一年是否身處荷蘭，但到後來都有迹象容許推論出一種和平主義的態度。我們同樣可以在這裏為圍繞曾祖父的虛構性光環找到意義：一個採取和平主義態度的家庭，希望在先祖中尋找同盟者。這種同盟者對於家庭把價值堅定地固定在這家庭的身分上，是重要的——並為自己在身處的地方上，創造更大的獨立性：於一九一四年至一九四五年間，從德國社會大部分地方那軍國主義的氣氛中獲得自由。虛構的元素與歷史的元素，在這裏融合成一個不能分解的整體。

在馬太福音和路加福音裏關於幼童耶穌的故事，我們要以類似處理這些家庭傳奇的方法來處理。故事的主題是在伯利恆出生的新生「王」與當時真正的統治者的關係：即與希律（馬太）和與亞古士督（路加）的關係。故事顯示出，面對這些統治者人可能產生兩種反應：逃避迫害（馬太）和順服報名上冊的命令（路加）。與歷史事實相反，兩段敍述都把耶穌的出生的焦點轉移到伯利恆。因為以色列的未來統治者是來自伯利恆的（彌五1及下 = 太二 6）。祂需要在那裏出生，從而使那描述以色列真正的統治者和政治勢力之間的對比成為可能。無論如何，這位新生的嬰孩是那位超然的統治者。無論如何，基督教羣體可以從祂身上認清自己所處的位置，並且知道在面對政治統治者時，不論這些統治者是敵對的（馬太）還是中立的（路加），他們都是自由的。這裏也有一個歷史性的核心：歷史的耶穌所宣講的上帝的國，比所有政治統治更超然。圍繞祂出生的虛構性光環，旨在加強祂的繼承者從政治勢力中所得的自由。

最後，是一個託名文本的例子。宣講有很多創作託名文本的機會。你若開玩笑地虛構一封保羅書信，或創作早期基督徒對保羅書信的回應，以之作為講道註釋，這就是託名文本。為甚麼代入一個虛構的角色可以為講道帶來這樣大的成效？答案很明顯。

以這種間接的方法，我們可以用比陳述句大膽得多的語句來與會眾對質。會眾有自由不接納虛構作者的陳述，會眾可以對自己說，講道者只是在使花招。但講道者所說的也可以具啟發性，會眾可以把說話變成自己的一部分。會眾同意說話的內容——儘管他們看穿虛構的作者所用的虛構花招，換言之，儘管人們很有可能抗拒說話的內容。現在，關於聖經託名著作方面，我們可以辯說，託名著作並不公然展示、而是要隱藏其虛構之特性。在一些著作如教牧書信，本真性幾乎是以巧妙的方法來暗示的（以致聖經鑑別學者不斷爭論其本真性，直至如今）。然而早期基督教接納這些書信的過程，就像接納一篇有託名文本的講道一樣。內容是關鍵的因素。假如內容得到正面的接納，古代的人對於本真性的問題便寬容得令人驚訝。但內容若被拒絕，有關著作的本真性就容易被懷疑。[22] 因此有一段長時間，人們爭論希伯來書究竟是否真的由保羅所寫。但這不妨礙這卷書被接納為正典，也不影響其內容是否為人所接納。相反，約翰福音受到廣泛的接納，只有當孟他努主義者（Montanists）對這卷福音有興趣時，其使徒性之來源才被人質疑：約翰福音突然被視為異教徒克林薩斯（Cerinthus）的創作。

我們需要一定的判斷經驗，在整部聖經裏，以各種方法辨認圍繞歷史的虛構性光環。我們一旦辨認到，就有責任向一般人說明出來。這不是件很容易的事。我們至少可以談及一個障礙：那些並不直接參與學術過程或科學化研究的人，往往有一個「可靠的科學」與「虛構的見證」之間那種幼稚對立的傾向。他們未能認識到學術界不能取得純粹的歷史真相。相反，帶著很多假設和觀點之形象的學術界，基本上傾向給歷史製造一個新的現代式的「虛構性光環」。對歷史耶穌的探討便是一個好例子。[23] 可是那不代表學術沒有價值。相反，毫無疑問地，那是同一個人透過現代虛構性的光環來與我們相遇。

以下的測驗可以說明這點。把所有關於耶穌的學術書籍拿來。這些書籍全都以片面的觀點來描述祂。然後把所有書中的專有名詞刪除，使之變成匿名的。一位中立的讀者並不知道書中所談及的人物，也不知事情發生的地點和時間。然而，我肯定在所有書籍之中，那些關於耶穌外形的書籍，似乎可以被編成一組，因為所有這些書籍都用上相同的來源，利用相同的傳統，回應裏面相同的「矛盾」。

我們可以得出以下的臨時摘要。我們要感激現代對真理的著重，因為它顯出經文裏的虛構性光環。我們也要感激這種對真理的著重，因為它清楚地顯明虛構性可用於真理的程度。

在這裏，我們首先把宣講服膺於對真理普遍的醒覺與著重。除此以外，在教會的領域裏，不是還有其他特別的真理規範，即出自特別主題的真理嗎？我並不打算主張一雙重的真理——一在教會內、一在教會外——而是承認一個事實，就是在現代社會裏，生活的所有領域都發展出特定的規範。在科學裏有嚴謹的對錯標準；在商業裏有損益的標準；在藝術裏有美感與缺乏美感的標準。每個生活領域都由自身的規則所組成。

宗教是一記號語言，這個記號語言讓人類羣體有可能意識到要透過與終極實在符應來提升生命。在歷史的進程裏，宗教發展的一個趨向日益清晰，就是透過自身的參考點來組織自己。本來宗教逃不掉要受制於整個文化。宗教曾經是部落與民族以之來肯定身分的記號言語。但隨著高等宗教（high religion）的出現，記號言語變得獨立。記號言語脫離了創造它們的特別羣體。相反，記號言語吸引了新的羣體，甚至是創造了新的羣體。就是這樣，早期基督教記號系統脫離了猶太教，並把來自非常不同文化和民族的人結合起來，產生一個新的人類羣體形式：教會並不等同於社會。但最重要的是，這個新的記號系統日益清晰地認為，自己是由自身的中心所組織而成的。一切在其中有效的東西，都可以理解成與上帝關係的表達：作為啟示的結果。

在現代社會裏，基督教記號系統再一次需要擺脱以理所當然的方式埋藏在整個社會生活內。神學和教會一直為本身的自主性而努力。在教會裏佔一席位的東西，不能再只以傳統和起源來宣稱自己為合法的。在新教信仰中，要證明其合法性，只能來自上帝的話語，即一個創造與終極實在接觸的信仰記號語言（sign language of faith）。因此任何講道都要對真理作出一個特別的神學宣稱：講道若提供教育學、心理療法或社會倫理的反省，不管這反省有多好，宣講都不能達到其目標。這些肯定是宣講的部分。但宣講是從其主旨得到自身的動力的：宣講嘗試結合與上帝的對話和人與人之間的對話，也包括關於教育、心理療法和社會倫理問題的對話。只有這個方法，講道才會變成信仰的記號語言。但這種記號語言的真理，展現在其基本的主題裏，展現在於生活先驗地有效的經驗和行為模式裏，並在坦然面對終極實在之下而展現。真理是關乎與這個實在符應。真理是關乎使生命與上帝相稱。神話和傳説、虛構的和歷史的、比喻和意象、對教育和社會倫理的反省、治療和宇宙性的，都是用在真理之上的。而這些講道學的反省也一樣，是用在真理之上的。

註釋：

1. 參見 F. Schulz von Thun, *Miteinander reden 1 – Störungen und Klärungen*, Reinbek bei Hamburg 1989；F. Schulz von Thun, *Miteinander reden 2 – Stile, Werte und Persönlichkeitentwicklung*, Reinbek bei Hamburg 1989, cf. 19～26。

2. 參見 Schulz von Thun, *Miteinander reden 2*, 38～53。
3. 「模稜兩可」是論述和宣講裏的正面特質，尤參見 W. Engemann, *Semiotische Homiletik*, THLI 5, Tübingen and Basel 1993, 153 ff。
4. 參見 Schulz von Thun, *Miteinander reden 2*, 47。
5. J. Glebe-Moeller, *Politisk Dogmatik*, Aarhus 1982, 98～103；據我所知，這是首個把傳播倫理的有效性那四個標準運用在講道學上。最後一章便是由他引發的。
6. 參見 H. W. Danowski, *Kompendium der Predigtlehre*, Gütersloh 1985, 134～140。
7. 參見 F. Riemann, "Die Persönlichkeit des Predigers in tiefenpsychologischer Sicht," in R. Riess (ed.), *Perspektiven der Pastoralpsychologie*, Göttingen 1974, 152～166；A. Denecke, *Persönlich Predigen*, Gütersloh 1979。
8. 參見 Denecke, *Persönlich Predigen*, esp. 64～71。
9. 參見 Schulz von Thun, *Miteinander reden 2*, 61ff。
10. Schulz von Thun, *Miteinander reden 2*, 94.
11. Schulz von Thun, *Miteinander reden 2*, 118.
12. 關於這點和下一點，尤見 K. F. Daiber, *Predigt als religiöse Rede. Homiletische Überlegungen im Anschluss an eine empirische Untersuchung*, Predigen und Hören 3, Munich 1991, 210ff。
13. 托魯克（A. Tholuck）在一八三五年他的第二套講道集的前言（F. Wintzer [ed.], *Predigt. Texte zum Verständnis und zur Praxis der Predigt in der Neuzeit*, ThB 80, Munich 1989, 58～66.）裏所寫的，對今天仍然有效：「若我們德國人不認識教會在聽眾中那被保存的權力，即那由直接源自聖靈的聖道所賦予的權力，我們就不會對預備不足的演説更感到不滿。講道必須是講道者的研究活動，但必須也是講壇活動。當講道者從講壇下來時，他必須像母親誕下滿有上帝賜福的嬰孩般喜樂。因此只有當講道是講道者的雙重行為時，也才會成為聽眾的行為」（頁 63）。
14. G. Otto, *Handlungsfelder der Praktischen Theologie*, Munich 1988, 273；這有理地反駁一個論題，就是「日常語言必須是信仰和宣講的語言。這個要求明顯在可理解性的概念上似乎太過膚淺，我們必然會避免向聽眾説別的東西，而只是重複他們的日常生活，就是以日常語言重複指令和限制。」
15. M. Josuttis, "Über den Predigtaufbau," *MPTh* 54, 1965, 480ff; M. Josuttis, "Über den Predigtanfang," *MPTh* 53, 1964, 480ff；及 M. Josuttis, "Über den

Predigtschluss," in *Rhetorik und Theologie*, 201～215；這些是基本的文章。

16. 「三個流浪到曠野的人」的意象劃分，在路加福音三章 1 至 14 節的講道裏出現（= 下文宣講例子五）。G. Theissen, "Cain and Abel (Gen. 4.1～16)," in G. Theissen, *The Open Door*, London and Minneapolis 1991, 1～9；專家們在這裏作出劃分。G. Theissen, "Preparation for the Journey into an Unknown Land. On Coming to Terms with Death," in G. Theissen, *The Open Door*, London and Minneapolis 1991, 152～160；關於我們希望帶到荒島的三件東西那問題，構成了這講章的劃分。
17. M. Josuttis, "Der Prediger in der Predigt. Sündiger Mensch oder mündiger Zeuge?" in M. Josuttis, *Die Praxis des Evangeliums zwischen Politik und Religion*, Munich 1974, 70～94；這裏有基本的評論。
18. H. C. Piper, "Kommunikation und Kommunikationsstörungen in der Predigt," in F. Wintzer (ed.), *Predigt*, 235～244；在我看來，這以非常有啟發性的方法，來說明講道者那不被同化的個人問題，如何可以在宣講裏使人生氣。「但他若可以處理他的情緒，與他的『陰暗面』溝通，並認出自己的矛盾，那麼他也會成功與個人（透過交談）和小組（例如透過宣講）溝通。」（頁 242）
19. 辯證神學的講道學招致這種懷疑，並非沒有原因，因為辯證神學對會眾的尊重不多。參見 E. Thurneysen, "Die Aufgabe der Predigt," (1921) in E. Thurneysen, *Das Wort Gottes und die Kirche*, ThB 44, Munich 1971, 95～106：「講道不是為了理解人，而是為了理解上帝。教會不是要人類互相走近，而是要所有人類背棄一切屬於人性的東西並走向上帝。」（Wintzer [ed.], *Predigt*, 117）「一切屬於人性的東西的死亡，就是講道的主題。」（Wintzer [ed.], *Predigt*, 118）有自由神學背景的講道學者正為此而感到困擾，參見 F. Niebergall, "Eine 'unmenschliche Theorie'. Zu K. Fezer, Das Wort Gottes und die Predigt," *ChW* 42, 1928, 59～60。因此我們應該記住巴特在談論講道學時的忠告：「講道者必須愛教會。他不能沒有教會。他必須知道：我是他們的一分子，並且想與他們分享我從上帝得到的東西。萬人的方言——並天使的話語——是沒有用的，若沒有這愛。」（K. Barth, *Homiletik. Wesen und Vorbereitung der Predigt*, Zurich 1966, 67.）
20. 參見 K.-W. Dahm, "Hören und Verstehen. Kommunikationssoziologische Überlegungen zur gegenwärtigen Predigtnot," in K.-W. Dahm, *Beruf: Pfarrer.*

Empirische Aspekte zur Funktion von Kirche und Religion in unserer Gesellschaft, Munich 1971, 218～244；O. Schreuder, "The Silent Majority," *Concilium* 111, 1978, 11～19。

21. 參見 G. Theissen, " 'Du sollst nicht ehebrechen!' Eine moralische Predigt gegen den Moralismus (2 Mos. 20, 14)," in G. Theissen, *Lichtspuren. Predigten und Bibelarbeiten*, Gütersloh 1994, 11～18。
22. 參見 N. Brox, *Falsche Verfasserangaben. Zur Erklärung der frühchristlichen Pseudepigraphie*, SBS 79, Stuttgart 1975。
23. 參見 A. Schweitzer, *The Quest of the Historical Jesus*, London [3]1950。

6
宣講例子

一　硝皮匠西門與西門彼得

徒十 1～35（傑姆敦）

百夫長哥尼流

在凱撒利亞有一個人，名叫哥尼流，是「意大利營」的百夫長。他是個虔誠人，他和全家都敬畏上帝，多多賙濟百姓，常常禱告上帝。有一天，約在申初，他在異象中明明看見上帝的一個使者進去，到他那裏，說：「哥尼流。」哥尼流定睛看他，驚怕說：「主阿，甚麼事呢？」天使說：「你的禱告和你的賙濟達到上帝面前，已蒙記念了。現在你當打發人往約帕去，請那稱呼彼得的西門來。他住在海邊一個硝皮匠西門的家裏，房子在海邊上。」向他說話的天使去後，哥尼流叫了兩個家人和常伺候他的一個虔誠兵來，把這事都述說給他們聽，就打發他們往約帕去。

第二天，他們行路將近那城。彼得約在午正，上房頂去禱告，覺得餓了，想要吃。那家的人正預備飯的時候，彼得魂遊象外，看見天開了，有一物降下，好像一塊大布，繫著四角，縋在地上，裏面有地上各樣四足的走獸和昆蟲，並天上的飛鳥；又有聲音向他說：「彼得，起來，宰了吃！」彼得卻說：「主啊，這是不可的！凡俗物和不潔淨的物，我從來沒有吃過。」第二次有聲音向他說：「上帝所潔淨的，你不可當作俗物。」這樣一連三次，那物隨即收回天上去了。

彼得心裏正在猜疑之間，不知所看見的異象是甚麼意思。哥尼流所差來的人已經訪問到西門的家，站在門外，喊著問：「有稱呼彼得的西門住在這裏沒有？」彼得還思想那異象的時候，聖靈向他說：「有三個人來找你。起來，下去，和他們同往，不要疑惑，因為是我差他們來的。」於是彼得下去見那些人，說：「我就是你們所找的人。你們來是為甚麼緣故？」他們說：「百夫長哥尼流是個義人，敬畏上帝，為猶太通國所稱讚。他蒙一位聖天使指示，叫他請你到他家裏去，聽你的話。」彼得就請他們進去，住了一宿。

次日，起身和他們同去，還有約帕的幾個弟兄同著他去；又次日，他們進入凱撒利亞，哥尼流已經請了他的親屬密友等候他們。彼得一進去，哥尼流就迎接他，俯伏在他腳前拜他。彼得卻拉他，說：「你起來，我也是人。」彼得和他說著話進去，見有好些人在那裏聚集，就對他們說：「你們知道，猶太人和別國的人親近來往本是不合例的，但上帝已經指示我，無論甚麼人都不可看作俗而不潔淨的。所以我被請的時候，就不推辭而來。現在請問：你們叫我來有甚麼意思呢？」

哥尼流說：「前四天，這個時候，我在家中守著申初的禱告，忽然有一個人穿著光明的衣裳，站在我面前，說：『哥尼流，你的禱告已蒙垂聽，你的賙濟達到上帝面前已蒙記念了。你當打發人往約帕去，請那稱呼彼得的西門來，他住在海邊一個硝皮匠西門的家裏。』所以我立時打發人去請你，你來了很好；現今我們都在上帝面前，要聽主所吩咐你的一切話。」

彼得就開口說：「我真看出上帝是不偏待人。原來，各國中那敬畏主、行義的人都為主所悅納。」

今天我想讓另一個人說話。這個人可以以很不同的方式，講述百夫長哥尼流的故事。他不是真的很著名，因為他只在新約的三節經文出現過：他就是硝皮匠西門。起初他對今天要向我們說話感到疑懼，因為他只是一個來自巴勒斯坦的普通人，但我認為由他來述說是一件好事。早期基督教是由一羣普通人、低微的人所發起的運動，而這與基督教信仰採取的觀點——即低微的人、外邦人和那些最失敗的人的觀點——是一致的。因此我會退下來，並讓硝皮匠西門說話：

親愛的，你們應該知道，我只是個小工匠；甚至更差的——我是個硝皮匠。人人都避開硝皮匠。「他們有臭味。」人們如此說，並遠避他們。「他們是不潔的。」猶太人不但如此說，並對待我們如同對待稅吏一樣。但我們也是猶太人。至少，稅吏賺的錢比我們多，並且可以用錢做很多事情。然而我們要處理動物屍體和尿液，日復一日，只賺取微薄的薪水。你們要知道只有尿液才能令皮革柔軟。「死屍使你不潔」、「動物屍體和小便臭氣沖天」，人們如此說，而他們說得對。但我還有別的方法造皮革嗎？我的工作使我在城市內完全被孤立。沒有人想與我有任何交往。我幾乎不與我的親屬見面。當一羣基督徒來到我們的城市時，事情開始有了轉變。「你們所有人，到我這裏來。」據說他們的主耶穌這樣說過。據說祂一直關心外邦人和病人。因此當我來到的時候，他們為我騰出地方。雖然我從來沒有擺脱過身上的惡臭，但他們以友善待我。沒有人看不起我，即使那些也在他們中間有錢的女士和有名望的商人，也是如此。我之前從來沒有這樣的經驗。上層社會的人與下層社會的人之間彷彿沒有任何界限；所有職業彷彿有同樣的價值和重要性。你們可想像到這對我有甚麼意義嗎？我，本來人人皆鄙視的硝皮匠，終於有所屬了。我再次成為一個人，儘管我的獻金不多。因此我留在這個羣體裏，並開始向能製造這樣驚人轉變的那位禱告。我向那不受界限限制、甚至不受死亡界限限制的那一位禱告。

有一天，試想像，有一天，彼得這位偉大的使徒，從耶路撒冷來到地中海邊的約帕。你們大概知道，彼得就是那位曾與我們的主耶穌基督常常在一起的人。後來我甚至聽聞馬太羣體裏有人說：「我要把我的教會建造在這磐石上。」而約翰羣體說，耶穌對這位彼得說：「你餵養我的羊。」不管怎麼樣，這位彼得來到我們的地方。你們知道他在哪家作客嗎？在我家。他住在臭皮匠的家。這位著名的宣教士是我的客人，是那位人人曾經要回避的人的客人。當他看見我焦急的樣子，他笑著說：「我的弟兄西門，你知道我從前是打魚的，而現在成了得人的漁夫，因此你的氣味是不會使我厭惡的。」然後他就進來。這就是我如何開始聽到有關羅馬百夫長哥尼流、那位使極受人尊敬的宣教士彼得改變的人的故事。是的，你可以這樣說，這位哥尼流，既不是猶太人，也不是基督徒，卻使我們的使徒彼得改變。在那個時候，我們可以稱這是個革命性的改變，我認為比你們這裏活在東德邊境的人所要開始經歷的改變還要革命性。甚至我膽敢說，如果不是這位外邦人哥尼流，你們今天不會在教會；因為如果不是那樣的話，耶穌基督的福音就不會走出猶太基督徒這個小圈子。假如我是正確的話，你們沒有一個是猶太人。

回到哥尼流的故事。我相當激動。有一天就在午飯之前不久，有人敲我的門。我開門，大吃一驚：門外站著三個人，一個羅馬軍人和兩個僕人。「有稱呼彼得的西門住在這裏沒有？」他們問。我立刻想到一些在耶路撒冷的基督徒所遭到的逼迫，這件事最近使基督徒逃到西方，也逃到約帕。當我想說「對不起，沒有西門彼得在這裏」時，不幸地彼得在這時下來。我想：「現在一切都完了。」同時我聽到彼得在我身後說話：「我就是你們所找的人。你們來是為甚麼緣故？」他們之後說的東西對我來說非常難懂。他們說，在凱撒利亞的駐軍城市，一個羅馬官員哥尼流打發他們來，請那位偉大的宣教士和使徒到他家裏。這是一個詭計嗎？一個平靜的逮捕行動？一個滿有力量（就是這個力量把耶穌處死）的羅馬官員，想請一個像彼得的猶太人到他家裏？他若真的過著一個敬虔和敬畏上帝的生活、定期禱告和賙濟，並因此如他們所說的，他在城市內受猶太人所尊敬，難道他不知道一個敬虔的猶太人永不會進入外邦人的家，因為這會使他不潔嗎？而作為一個政府官員，他不能受割禮成為一個猶太人，也不能成為基督徒，因為正如每個小孩子都知道，他要承認和敬拜君王作他的主。此外，政府官員是一個軍職，這是一個甚至要殺人的職業。而這種職業是禁止我們基督徒做的。因此基督徒不能成為死刑執行者或軍人。後來，到了三世紀的君王君士坦丁大帝，事情便有所改變。他們後來把十字架繪在軍旗，並相信：「靠著此記號，你們能戰勝。」即使在你們的世紀，也有人在軍用的皮帶扣上印上「上帝與我們同在」的字樣。但在一開始的時候，情況則非常不同。非常嚴峻。十分清楚，那時候的基督徒跟軍事毫無關係。而現在我們要進入一個異教軍人的家。這對基督徒來說是難以應付的！或更有可能的是，這是一個陷阱。

因此當彼得友善地請這三人進來、並給他們一點食物吃時，我就更加驚奇。並且在那個晚上，他設法說服教會一些弟兄第二天與他同去。他告訴我們，就在午正之前，上帝在房頂於夢中向他說話。上帝把潔淨和不潔淨的動物放在一起給他看，並說：「吃吧！」當他拒絕時，說：「凡俗物和不潔淨的物，我從來沒有吃過。」有上帝的聲音對他說：「上帝所潔淨的，你不可當作俗物。」又當那些人敲門時，那聲音對他說：「起來，下去，和他們同往，不要疑惑！因為是我差他們來的。」而我也不知道為甚麼，是彼得的說服力，還是作東道主的義務？我也去了。

我們來到凱撒利亞，一切都來得很快。哥尼流及他的家人都非常殷勤。當他說話時，我們所有人都突然感到：「上帝也在這裏與這個外邦人同在，祂也在這裏與這個羅馬官員同在，與這個在非常不同文化長大、說話與生活都與我們這樣不同的外國人同在。」突然彼得漸漸理解，上帝想透過哥尼流這位既不是猶太人、也不是基督徒的百夫長，向他解釋的事情。上帝比我們所看見的和所理解的大得多。祂的愛沒有界限。上帝並不認同社會、職業和意識形態的界限，也不認同族羣的界限。因為上帝是所有人的主；祂的福音是給所有人的。上帝「並不偏待人」。這使我這個被人鄙視的硝皮匠想到自己和自己的生命。然後我明白到：上帝的靈想突破那使我們人類痛苦地分隔的界限。以從那時開始有人向外邦人宣教的情況來看，我可以說，我們猶太基督徒想保存福音，避免它受淹沒和變成不潔，但這個方法不能使福音的能力得到發揮，因為福音要克服性格、階級、職業和國家的限制，並因而使生命成為可能。一個外邦人為我們說明了這點。

親愛的，我不是很認識你們，但也許你們想問自己，究竟有沒有一些時候，你們沒有把上帝關在教會的園牆內？究竟有沒有一些時候，你們曾被試誘，只想與持某種政見的基督徒、或與你融洽相處的人走在一起？我想帶出的好消息是，上帝是偉大的、極偉大的。也許有一天你們會像我們一樣發現：與無神論者或佛教徒、與尋求庇護的人、與社會的邊緣人士或成功的商人、與老年人或小孩子的談話裏，發現這個好消息。我告訴你們，聖靈隨己意而吹動。而聖靈可以在沒有人預料到的地方，讓人對上帝有新的理解。因為上帝的愛沒有界限，上帝的愛要抓住所有人。因此我以在約帕崇拜結束時所說的祝福作結。願上帝所賜出人意外的平安，必在基督耶穌裏，保守你們的心懷意念。這也是我的祝福。

註：一篇於一九九〇年一月二十一日在科堡宣講的講章。那裏的生活在東德於一九八九年十一月開放邊界時，有了根本的改變。邊界旁一個「死角」裏的城市，變成了一個常被東德人到訪的城市，為那裏的商業生活、社會秩序、勞動市場和教育制度帶來深遠的影響。

二 世界的審判者就在這裏

太二十五 31～46（傑姆敦）

「當人子在他榮耀裏、同著眾天使降臨的時候，要坐在他榮耀的寶座上。萬民都要聚集在他面前。他要把他們分別出來，好像牧羊的分別綿羊山羊一般，把綿羊安置在右邊，山羊在左邊。於是王要向那右邊的說：『你們這蒙我父賜福的，可來承受那創世以來為你們所預備的國；因為我餓了，你們給我吃，渴了，你們給我喝；我作客旅，你們留我住；我赤身露體，你們給我穿；我病了，你們看顧我；我在監裏，你們來看我。』義人就回答說：『主阿，我們甚麼時候見你餓了，給你吃，渴了，給你喝？甚麼時候見你作客旅，留你住，或是赤身露體，給你穿？又甚麼時候見你病了，或是在監裏，來看你呢？』王要回答說：『我實在告訴你們，這些事你們既做在我這弟兄中一個最小的身上，就是做在我身上了。』

王又要向那左邊的說：『你們這被咒詛的人，離開我！進入那為魔鬼和他的使者所預備的永火裏去！因為我餓了，你們不給我吃，渴了，你們不給我喝；我作客旅，你們不留我住；我赤身露體，你們不給我穿；我病了，我在監裏，你們不來看顧我。』他們也要回答說：『主阿，我們甚麼時候見你餓了，或渴了，或作客旅，或赤身露體，或病了，或在監裏，不伺候你呢？』王要回答說：『我實在告訴你們，這些事你們既不做在我這弟兄中一個最小的身上，就是不做在我身上了。』這些人要往永刑裏去；那些義人要往永生裏去。」

當我讀出審判的比喻時，我的心發出一陣寒顫：審判的上帝嚴厲地凝視著我，祂的眼內萬分悲痛、萬分沮喪。祂銳利的眼目內反映著這個世界，我認出世界的審判——就是馬太在比喻中談及審判世界時那種不滅的痛苦——早已存在。先知對世界高聲說的審判的話：「你們這被咒詛的人，離開我！進入那永火裏去！」在斯大林格勒（Stalingrad）的炮火裏、在廣島（Hiroshima）和長崎（Nagasaki）的原子彈裏、在北愛爾蘭爆發的強烈仇恨裏、在中東和很多其他地方裏，這話早已成為事實。

在全國哀悼日，「這些人要往永刑裏去」這個審判世界的預言，對我來說是一個非常特別的警號。我看到年輕軍人熱情地走在第一次世界大戰的軍旗之後，滿有得勝的信心，他們皮帶扣上的「上帝與我們同在」閃閃發亮。他們長驅直入爆炸的礦山和燃燒的手榴彈那地獄般的火裏。他們熱心地挖掘戰壕，就是那保護他們的戰壕，可以藏身的戰壕，他們可以冒險進攻的戰壕，並成為千萬人墓穴的戰壕。我仍然記得，當我與法國朋友們走過被恐懼籠罩的凡爾登（Verdun）時，那無助困惑感如何侵襲我。我驚覺不同的戰壕是這樣近，可是人們之間的距離卻是這樣遠。人們知道其他人所喜悅和焦慮、盼望和失望的事嗎？他們往往完全看不見其他人，或只是從遠處看見——視他們如要詭計的、具威脅的陌生人、帶來死亡和破壞的敵人。到處都是死亡和破壞。沒有意義。虛空。但不僅在這裏。他們幾年後死在西伯利亞（Siberia）的茫茫雪地和熱得像地獄的非洲沙漠，成千上萬，死得沒有意義和價值。而每個死亡都為家庭和友誼帶來折磨痛苦。我在那位世界的審判者眼裏看見這一切：滿地的戰壕，把人類分成黑白、南北、貧富、敵友、善惡。我看見我們與第三世界之間的戰壕、我們與外來工人之間的戰壕：為了鞏固我們的繁榮和安全，我們把戰壕愈挖愈深。我看見被偏見和不了解所強化的戰壕、成功與失敗之間的戰壕、有工作的人與失業者之間的戰壕。

我看見可以輕易變成墓穴的戰壕：人的墓穴，人類的墓穴。我看見世界如何走進地獄的烈燄，我禁不住問：「上帝在哪裏？

那位以大能的手介入的上帝在哪裏？」我不斷喊叫卻得不到回應。上帝在哪裏？這是在凡爾登、斯大林格勒和達豪（Dachau）集中營裏所發出的絕望喊叫。上帝在哪裏？我看不見祂。我看見恐怖、憂傷、痛苦，卻看不見幫助人的上帝，我看不見祂、認不出祂、感覺不到祂：祂高高在上遠離了我。我感到被遺棄和孤單，被從上而來的鴻溝所隔離。我問自己：「上帝到底存在嗎？全能的上帝是在天上嗎？」

我看不見祂。我聽不見祂。

我只感到無比難受的寂靜。

我想再一次聆聽世界大審判的故事。我在故事裏聽到嚴厲的上帝在天上審判的聲音，祂指出人與人之間所挖掘的戰壕。但我也聽到另一把聲音，就是克服上帝與人之間距離的那位的聲音，就是成為人、以致成為人類弟兄的那位的聲音。祂跨過分隔人類那憎恨與冷漠、偏見與焦慮的戰壕：祂向稅吏和罪人、被排斥和被輕視的人開放。祂成為他們（to them）——這些陌生人——的弟兄，以在他們當中（in them）可尋見弟兄。

這樣，也惟有這樣，上帝廢除了人與人之間的戰壕。

上帝沒有從一個安全的距離介入，也沒有用祂的全能和力量作為武器去毀滅他們。沒有，祂毀滅世界戰壕的方法，是透過接觸他們、經歷他們；簡單來說，是從相反方向來尋找人。祂走到世界觀和權力利益的壕戰裏，就是人類尊嚴死亡的地方；也走到生命和愛被冷漠和愚昧埋葬的地方。祂一貫地站在那些戰壕的受害人的一邊，然而，那些認為自己只能在這些深陷的戰壕裏生存的人，不能忍受這個事實，因此把祂釘在十字架上。祂走上十字架，在那裏呼喊：「我的上帝！我的上帝！為甚麼離棄我？」上帝在十字架上，沒有沉默不語；祂在那裏大聲呼喊，祂回應這個世界上所有哀痛、所有憂傷、所有戰壕。上帝沒有以強大的聲音從上作出回應；不！祂倒以最深層的需要來回應——透過承載受折磨的人類的喊叫；祂始終站在受苦的人類的一邊。藉著在十字架上受苦，人類的上帝徹頭徹尾成為了弟兄。因此受苦的上帝透過克服死亡的戰壕，使這裏透出了一線希望：即在每個人心中有一種弟兄感（the sense of the brother）——對那位像弟兄般的上帝（brotherly God）的感覺（希望超越一切戰壕來與人類接觸）：

- 弟兄感出現在那帶著酒氣走近而衣衫襤褸的人；
- 弟兄感出現在那與我不同和使我焦慮的外來工人身上；
- 弟兄感、或應該說姊妹感，出現在隔壁那因為痛苦和孤獨而變得非常陌生和難以接近的女士身上。

我認為當弟兄感在其他人身上出現時，弟兄與弟兄之間、姊妹與姊妹之間的鴻溝就會被克服。就是這樣簡單，不是經苦心經營而得的成果和成就。

以下是一個例子。很多年前我要照顧一位在醫院裏的女士。她不動地臥在牀上，她的臉上沒有表情，臉上籠罩著死亡。她距離我很遠。雖然我每天探望她，但她與我之間有巨大的距離。可是有一次當我一如以往為她抹上一些科隆香水時，她醒一醒過來。她那沒有表情的臉容消失片刻，然後我突然感到一些關於她的東西、她的生命、她的本性：我們之間的障礙已經消失了。從此以後我以不同的方式照顧這位女士：我不僅視她為病人，也視她為我的姊妹。

我相信當這種弟兄或姊妹感出現時，世界就會有微妙的變化。這種變化不是經苦心經營的成果和成就。成為我們弟兄的那位上帝並不需要我們這種經苦心經營的結果和成就。

我們的故事不是關於一些英勇的行為，也不是關於一些表現出特別有信心的人。我讀到的是那些給饑餓的人吃、給口渴的人喝和探望病人的人。這裏沒有提及那些得到獎章或榮譽，或那些在教會裏特別熱心和那些輕易把信經背誦出來的人。不！故事角色的一舉一動均十分人性。他們滿足別人最基本的需要：食物、飲料、探望。沒有多言。不多不少。我看到這些人就想到自己：做一個真正的基督徒，是要做一個真正的人。超越國籍和意識形態、家庭和信條的限制。不多不少。我又想起我父親生命裏的一幕，那是他經常提及的：有一次他在戰爭裏深入俄軍陣地，一位單純的農婦把她僅餘的雞蛋送給他。她對這名德軍說：「*Moi sin*」，即「我兒」，並告訴他，她的兒子在戰爭中被殺，是死在德軍的子彈下。幾隻雞蛋，幾句說話。那不是很多，然而卻又是許多，因為在這裏，一位單純的農婦遇上一名陌生的敵軍，他是饑餓的人，是弟兄，甚至是兒子，而在剎那間，一位年輕軍人竟然找到一位母親。幾隻雞蛋，幾句說話，那不是很多，然而卻又是許多。這個行為微妙地把鴻溝填補了。

在戰爭的黑夜裏，在戰壕與戰壕和邊界與邊界之間，閃出了一道光。上帝與人相遇。

因此，在今天，在這全國哀悼日，世界大審判的比喻包含著一個盼望的信息。我們若只看到世界審判者眼裏的那些戰壕，我們就會恐懼；我們若超越一切邊界去感覺和發現我們的弟兄姊妹，邊界就會倒下，未來就會展開，上帝的國就會發生。此時此地。輕輕地和微妙地，然而又神祕地充滿盼望。因為在這裏，在面對弟兄姊妹時，耶穌願意與我們相遇，並從使我們分隔的戰壕中釋放我們，從威脅要成為墳墓——人類的墳墓以及祂那勞苦歎息中的創造的墳墓——的戰壕中釋放我們。

嚴厲地審判的上帝成為了我們的弟兄。因為藉著審判和在審判以外，祂決意要拯救我們，使我們在未來成為祂的弟兄姊妹。

這是我們的盼望。阿們。

註：這是一篇於一九一一年十一月十七日在慕尼黑宣講的講章。這篇講道危險的地方是，一些聽眾會被首半篇講道的難題困擾到一個地步，以致到講道的下半部分也不能以正面的方法來處理這些困擾。一位神學家對這篇講章的意見值得我們注意：「你不能讓上帝死在講壇上！」但把難題抽起也有問題：講道的任務是要在崇拜那受保護的範疇裏和在基督徒生活處境裏，喚起和處理生命裏的極限處境。這一點對於莊嚴日子的崇拜尤其正確。

三 哀傷的房子與生命的房子

可十三 31～37（傑姆敦）

> 「天地要廢去，我的話卻不能廢去。但那日子，那時辰，沒有人知道，連天上的使者也不知道，子也不知道，惟有父知道。你們要謹慎，警醒祈禱，因為你們不曉得那日期幾時來到。這事正如一個人離開本家，寄居外邦，把權柄交給僕人，分派各人當做的工，又吩咐看門的警醒。所以，你們要警醒；因為你們不知道家主甚麼時候來，或晚上，或半夜，或雞叫，或早晨；恐怕他忽然來到，看見你們睡著了。我對你們所說的話，也是對眾人說：要警醒！」

「天地要廢去，我的話卻不能廢去」，這句說話使我安心和得著安慰。對於我來說，「我的話不能廢去」，這個應許就像驚濤駭浪中一塊讓人依靠的大石、混沌中的磐石。支持和盼望，是我們生活裏所需的東西，尤其當我們感到危機四伏時，尤其在哀痛、焦慮和空虛威脅要吞噬我們時。「我的話不能廢去」，上帝這個應許要安慰和鼓勵我們。當我們想起死亡和我們短暫的一生時，耶穌這個應許支持著我們。這個應許讓我們有勇氣迎接新的每一天和小心運用天父交託我們的禮物，就是上帝所賜獨一無二的禮物。因此難怪在經文裏，上帝應許「我的話不能廢去」之後，是警告：「要警醒！」我會把它翻成：「用心生活。」

我認為，從黑暗混沌的感受、從哀痛的枯燥空虛，到用心生活，可以是一個漫長的路途，旅途中我們不斷要在上帝信實的應許下出發，並在其終點看到正樹立著上帝的最後的應許：「天地要廢去，我的話卻不能廢去。」

我幻想這段路途對於門徒來說，也是既漫長又困難的。他們已為耶穌放下一切。他們已撇下工作和家庭，只為祂而活。他們已與祂分享一切，包括麵包、魚、想法。而現在祂突然不再存在。這是他們不能理解的。迅速的、殘酷的、令人困惑的死亡奪走了祂。他們感到被遺棄和孤獨、被背叛和被受攻擊、極受傷害。當祂對他們這樣重要時，祂怎能就此撇下他們？上帝怎能容許這事發生？正是這位祂稱為天父的上帝？他們充滿憤怒、激動和侵略性。有時是指向那位狠狠地撇下他們的死人，有時是指向那位讓祂可憐地死去的上帝，然後指向他們自己，因為他們並不是時常都是滿懷信心地跟隨祂。他們曾經辜負祂的那些問題，現在又再呈現了出來，但此時祂不能再以慈聲安慰他們。他們尋求祂和與祂親近。他們對祂的愛和感情更加強烈。在他們心中，祂變得更加完美。與祂的聯繫更堅固。愛與恨，辛酸的眼淚與不可能喊出來的空虛感：有時相繼出現，有時一起出現。然而因為一次的打擊，他們生命裏的一切都崩潰了；崩潰的，不只是他們裏面，也是外面的世界。他們以往的生活方式突然被毀。以往的生活方式是徒然的嗎？是沒有意義的嗎？回想起來之時，那會因著這種結束方式而貶值嗎？他們腦裏想著很多東西。突然一切都改變。事情要怎樣繼續下去？他們要完全放棄嗎？聽天由命？離開？屈服於哀傷？跟隨祂走上死亡之路？有時這些想法經過他們的腦海。有時他們想放棄。然後迫使他們更加團結，面對生命及生命不斷的要求。有時這是令人厭倦的。但有時這是健康的，因為這使他們有可以分心的時候。然而，有一段長時間，一段非常長的時間，他們的心思意念都不是真正地放在工作上，不是真正地放在當下的同伴身上。他們被過去所束縛，或漂浮在幻想的領域裏，走進世界有可能辜負他們的地方。

門徒為他們的處境找到一個意象，一個今天經文給我們的意象。他們就像在一所被家主遺棄的大房子裏的僕人。一所房子在剎那間變得不舒服和空寂。一個回響著回憶的房子，當中充滿了孤獨、哀傷和無意義，窒礙著整個生命。但這不是一切，這只是剛落筆：門徒繼續繪畫著，以明亮燦爛的色彩繪畫著，這色彩見證著一個深刻的經驗、一個新的發現。無疑這所房子是被遺棄的，這是無可推委的。被家主遺棄，但祂不是死去。不是，門徒肯定祂活著。祂在長途旅行，這是他們在圖畫裏告訴我們的。不僅如此，祂也委派我們作祂的代表。我們現在要把從祂身上豐豐富富得到的愛、溫暖和理解傳遞下去。祂的友誼和關心要充滿這所房子。而門徒以耶穌的靈彼此相待。祂的言行支持著他們和給他們方向。他們彼此接納，也接納其他人。他們以自己的恩賜彼此服事。這人善於煮食，那人善於聆聽，第三人臥病在牀，特別成為擔當基督教盼望的見證人——僅在效法祂擔當苦難的方式。突然，牆壁回響著的不再是空虛與不舒服；多人唱出的喜樂歌曲引發出歡笑與盼望。主不再在那裏，但祂的靈充滿這房子。主不再在那裏，但祂的慈聲在祂的跟隨者身上回響。主不再在那裏，但祂的愛可以在門徒的愛中被發現。

這幅圖畫又告訴我們別的東西。這幅圖畫告訴我們一個引人入勝的轉向。門徒不再耽湎於回顧之中。不，他們的目光已經轉向另一方向：他們喜樂地期待，期待那位會回來、會回到祂的房子的主人。然後，那接受啟示的約翰後告訴我們，上帝會擦去一切眼淚，不再有死亡，也不再有悲哀、哭號、疼痛，因為以前的事都過去了。只有一件事是依然如昔的：上帝的不變與信實，上帝對我們的愛和照管，簡而言之，即一切祂透過祂兒子的言行所應許給我們的東西。這已適用於現在，並會在每個生命的盡頭和世界的盡頭時，即當天地都廢去時，顯明為真理和實在。

我在門徒的意象裏理解到別的東西：他們擔心和關注到，當主回來時，這所房子不會積滿灰塵和冷冰冰的、不舒服和黑漆漆的。他們不想家主看到代表疏忽和放棄的蜘蛛網；他們不想牆壁上鋪滿斤斤計較與自私自利，也不想空氣中充滿死亡的霉味。事情若是這樣發生，家主的反應將難以想像。在這所死亡的房子裏的生活將難以想像。可以想像嗎？我們世界的一些狀況，豈不就像死亡的房子嗎？門徒呼籲我們：「要警醒！」用心生活！讓盼望的靈吹進我們主的房子。讓祂的愛的暖流流進祂的房子，使不舒適的霉氣不再在牆壁上蔓延，冷酷不再冰冷地打在每個人的臉上。要警醒！因為主基督在每個人裏面，祂的說話不會廢去，祂正在看著你。假如祂給我們的，不是愛、饒恕和盼望的說話，那會是甚麼？「愛鄰舍如同自己。」「咒詛你們的，要為他祝福。」「凡你們禱告祈求的，無論是甚麼，只要信是得著的，就必得著。」這些說話是祂在十字架上受苦受死時再一次說的，在約翰福音，祂對馬利亞說：「婦人，看，你的兒子！」又對祂所愛的門徒說：「看，你的母親！」在路加福音裏，祂說：「父啊！赦免他們；因為他們所做的，他們不曉得。」並說：「父啊！我將我的靈魂交在你手裏。」基督的愛、赦免和盼望的說話仍然超越死亡，甚至超越世界的盡頭。「天地要廢去，我的話卻不能廢去。」這是我們今天講道所讀的經文。當我們的生活不愜意和混亂時，這段經文給我們安慰和支持。「我的話，就是愛、饒恕和盼望的說話，卻不能廢去。」這是我們整個生活的愛和盼望。祂的話應該幫助我們更用心和更敏銳地生活。願上帝所賜出人意外的平安，必在基督耶穌裏，保守你們的心懷意念。阿們。

註：一篇於一九八九年十一月二十六日在科堡宣講的講章。關於哀傷經過的描述，見 Y. Spiegel, *The Grief Process*, Nashville and London 1978。

四 耶穌與國家的權力範圍

太二十二 15～22（傑姆敦）

納稅的問題

當時，法利賽人出去商議，怎樣就著耶穌的話陷害他，就打發他們的門徒同希律黨的人去見耶穌，說：「夫子，我們知道你是誠實人，並且誠誠實實傳上帝的道，甚麼人你都不徇情面，因為你不看人的外貌。請告訴我們，你的意見如何？納稅給凱撒可以不可以？」耶穌看出他們的惡意，就說：「假冒為善的人哪，為甚麼試探我？拿一個上稅的錢給我看！」他們就拿一個銀錢來給他。耶穌說：「這像和這號是誰的？」他們說：「是凱撒的。」耶穌說：「這樣，凱撒的物當歸給凱撒；上帝的物當歸給上帝。」他們聽見就希奇，離開他走了。

「凱撒的物當歸給凱撒；上帝的物當歸給上帝」，這句簡短的説話創造了歷史。不僅創造了好的歷史，也創造了極具疑問的歷史。我們可以在上週的本地報紙獲悉其負面影響。它使我悲傷無助，即使我已知道這件事。「殘疾人士被送往納粹兇徒」是新聞的標題。文章講述在一九四〇／四一年間，在希特勒的「仁慈之死」（merciful death）運動中，數以百計生活在由教會管理的庇護所裏的智障人士，如何被帶走和最後被殺害，而負責教會組織的院長發出指令，要查核那些負責運送的人的身分證明，但餘下就是要確保運作盡可能順暢。在一篇報告文章中，記者寫道：「勞爾勒（Lauerer）院長解決了那在順從不人道的國家與基督徒愛鄰舍的誡命之間的兩難，就是把信義宗兩個國度的教義推至極端化。他把他認為是國家的物給國家，並天真地宣講憐憫。」在這裏耶穌所説的「凱撒的物當歸給凱撒；上帝的物當歸給上帝」再次回響著。這句説話常常創造叫人遺憾的歷史，可是我相信這句説話所帶來的叫人遺憾的歷史，與其原意並不一致。我相信這句説話對我們世界的生活，是一個釋放的、有幫助的福音。在尋找它的信息期間，我想邀請你們與我一同回到耶穌的時代和世界，近距離看一看納稅的故事。

故事發生在充斥著人的耶路撒冷，那時是逾越節之前。這些日子總是緊張的：只需要小小火花就會燃起毀滅性火災。所以羅馬人完全處於緊張狀態。為小心起見，彼拉多與他的軍隊每年這個時候都會來到聖城。而現在，也許在聖殿前院，在安東尼亞堡（Antonia citadel）的隱蔽處，在彼拉多的住處，以及在軍隊投宿的地方，有人狡滑地企圖設陷阱捉拿耶穌，並要置祂於死地。為求目的，祂的對頭用上最容易引起爭論的政治議題：令人憎惡的人頭稅問題。我們的稅項通常是為了一般的福利開支而繳交的，但當時的人頭稅卻是給羅馬佔領軍隊的貢金。這些貢金是以最殘酷的方法取得的。我們從羅馬人拉克單丟（Lactantius）的說話知道這點，他寫道：「他們折磨那些符合納稅條件的人，直至他們公然反抗，又當痛苦難擋時，人們便會寫下一些不存在的應課稅財產。不論年齡和健康狀況。」

我們很容易便可以想像到，當說到納稅時，情緒是如何強烈。而現在，在聖殿巡警和羅馬軍隊的監視下，法利賽人和希律黨人來問耶穌：「請告訴我們，你的意見如何？納稅給君王可以不可以？」顯然地，言外之意是：「你認為羅馬政府如何？」他們的詭計顯而易見。假如耶穌回答：「是，任何人都應納稅」，祂就會被同胞視為叛徒；但祂若回答：「不」，祂就是一個造反者，別人便很容易向羅馬人告發祂。但耶穌並沒有墮入陷阱。祂脫去發問者假冒為善的面具。祂說：「拿一個上稅的錢給我看。」他們就拿一個銀錢來給祂。原來他們把銀錢放在口袋裏，那代表他們已用自己的生活回答了這個問題。耶穌的要求「拿一個上稅的錢給我看」，就把問題轉為對付他們，並以此質詢他們的生活：「當你們想攻擊他人時，要先看你們自己和你們的生活。」然後，耶穌彷彿從來沒有看過一個上稅的錢，祂問道：「這像和這號是誰的？」像的問題是一個使所有猶太人都注意的問題，因為立刻使他們想到第二條誡命：「不可為自己雕刻偶像，也不可做甚麼形像彷彿上天、下地，和地底下、水中的百物。」

我們若看清耶穌爭論的重點，即有提庇留（Tiberius）的像的銀錢，我們就更清楚他的意圖了。因為在銀錢上，君王被描繪成奧林匹斯山諸神，而在他的頭像下刻有：君王提庇留，神聖亞古士督（Augustus）尊貴的兒子。而銀錢的另一面，王太后被尊崇為和平女神。猶太人視它為對第一誡的侮辱和褻瀆。我們可以清楚地從耶穌的問題中，聽出祂對敬拜統治者和把統治者神化的批評：「這像和這號是誰的？」他的對頭只能小聲回答：「是君王的。」因而耶穌斷定：「君王的物當歸給君王。」這是指：把君王的褻瀆銀錢歸給君王。把納稅的銀錢歸給鑄造銀錢的人。但事情並未完結。在説完「君王的物當歸給君王」之後，耶穌主動提出：「上帝的物當歸給上帝。」在祂看來，這是最重要的。「上帝的物當歸給上帝。」這可以解作：「想一想君王的銀錢是甚麼？是鑄造出來的銀幣而已。君王的像是甚麼？是刻在金屬上的凡人仿製品而已。相反，永活的上帝的像是甚麼？在聖經的首卷書寫著：那就是你們，那就是你們和我。每個人都有上帝的形象。」

我們應否納稅給君王的問題問得不夠徹底。真正的問題是：你們是否希望你們自己和你們的生命印上粗金和地上的權力，就如但以理先知所寫的，以泥造的腳站立，並有突然倒塌的一刻？你們是否希望出賣自己的生命給地上的成就，給事業和權力，屈服於日常生活的壓力和要求，並在這個過程中冒失去靈魂的危險，在沒有生命的價值上——不管它們如何閃爍——變得死板？你們真的想要這些嗎？還是你們希望有創造主的形象，像一塊鏡子反映出祂的熱誠和愛、祂的友善和對生命的旨意？你們希望以地位和權力、國籍和膚色來看待你們的同伴，還是希望在他們身上找到上帝的形象？只有當你們首先在人們裏尋找上帝和上帝的形象時，關於君王的問題才會真相大白。

當我有一次在法國南部山區的羣體裏實習時，我開始明白這一點。住在那裏的都是平民，大部分都是農民，聖經對於他們來説是寶貴的。在很久以前，在宗教改革運動的時候，他們的先輩發現，聖經是釋放他們生命的源頭，因此他們學習讀寫，讓他們可以研習聖經。他們因信仰而被迫害。他們因有聖經的支持，而只承認上帝為他們的主，並頑固地對抗法王的軍隊。他們祕密地在偏遠的山谷中崇拜。他們要反覆逃避到樹林裏，又當他們被捕時，很多人寧願被丟在船上或監獄，也不願意發誓放棄他們對上帝的信仰或交出聖經。而在我們的世代也一樣，那些新教徒的後裔再次活出他們對誡命——「上帝的物當歸給上帝」——的解釋。他們冒著生命的危險，在第三帝國（Third Reich）期間，把猶太人藏在家中，在市政廳裏偽造證件和配給票，迂迴地把猶太人偷運到瑞士，因而拯救了很多性命。當有人努力迫使一個地方牧師，出賣猶太人和泄露他們的藏匿處時，這位牧師只回答說：「我們不知道猶太人是甚麼。我們知道的只有人類。」這是上帝的形象。

這些法國新教徒啟發我對這句說話的理解：只有當你們首先在人們裏尋找上帝和上帝的形象時，關於君王的問題才會真相大白。

今天我們不再活在第三帝國之下。我們沒有君王也沒有神聖的君王。我們的稅收不是給外來佔領權力的剝削性貢金。我認為我們必須在每個處境下，重新說明這句說話的意義：「君王的物當歸給君王。」耶穌的說話並沒有為君王的物與上帝的物下定論。我們必須親自找出那是甚麼，因為每個處境都不同。但方針是不變的。上帝希望以他的愛來塑造我們。每個人都是上帝的創造，每個人都有無比的價值和有活著的上帝的形象。每個人都有上帝的形象，即使他或她是殘障的，像那些被送去殺害的病人。每個人都有上帝的形象，即使他或她是屬於另一個民族和另一個宗教，像那些猶太人。每個人都有上帝的形象，即使他或她被逼害並在我們中間尋求庇護。我們基督徒可以自由反對不人道的觀念，因為我們並不被它束縛。我們不受這個世界的勞役力量所約束。我們的尊嚴並不在於外在的認同，而是在於創造我們、並希望我們的生命映照祂的形象的那位。阿們。

註：一篇於一九九一年十一月三日在科堡宣講的講章。關於這段經

文選錄的歷史與釋經問題，參見 K. Wengst, *Pax Romana and the Peace of Jesus Christ*, London 1987。

五 在生命的曠野裏期待上帝

路三 1～14（戴歌德）

凱撒提庇留在位第十五年，本丟．彼拉多作猶太巡撫，希律作加利利分封的王，他兄弟腓力作以土利亞和特拉可尼地方分封的王，呂撒聶作亞比利尼分封的王，亞那和該亞法作大祭司。那時，撒迦利亞的兒子約翰在曠野裏，上帝的話臨到他。他就來到約旦河一帶地方，宣講悔改的洗禮，使罪得赦。正如先知以賽亞書上所記的話，說：在曠野有人聲喊著說：預備主的道，修直他的路！一切山窪都要填滿；大小山岡都要削平！彎彎曲曲的地方要改為正直；高高低低的道路要改為平坦！凡有血氣的，都要見上帝的救恩！

約翰對那出來要受他洗的眾人說：「毒蛇的種類！誰指示你們逃避將來的忿怒呢？你們要結出果子來，與悔改的心相稱。不要自己心裏說：『有亞伯拉罕為我們的祖宗。』我告訴你們，上帝能從這些石頭中，給亞伯拉罕興起子孫來。現在斧子已經放在樹根上，凡不結好果子的樹就砍下來，丟在火裏。」

眾人問他說：「這樣，我們當做甚麼呢？」約翰回答說：「有兩件衣裳的，就分給那沒有的；有食物的，也當這樣行。」又有稅吏來要受洗，問他說：「夫子，我們當做甚麼呢？」約翰說：「除了例定的數目，不要多取。」又有兵丁問他說：「我們當做甚麼呢？」約翰說：「不要以強暴待人，也不要訛詐人，自己有錢糧就當知足。」

將臨節是期待的時刻。在將臨節，聖經成為學習期待的課本。聖經教導我們可以在生命裏期待甚麼，有甚麼對於我們是重要的。而聖經說，在我們生命裏重要的東西不是別的，而是上帝。我們若不服事上帝，我們就是期待得太少了。我們若不發現我們在生命的黑暗時刻離開上帝，我們就仍未有真正的期待。我們若不在喜樂裏發覺上帝的臨在觸動我們，我們就走錯了路。但最重要的是，我們若認為這種期待是沒有風險的，我們就產生錯覺了。相反，期待引領我們走到曠野，超越生命、超越社會、超越我們熟悉的自我的曠野。教授這種期待的偉大老師是施洗約翰。他呼召我們進入曠野，以便在那裏期待上帝，而我今日要做的，是用三個旅程呼召你們的思想和幻想力來進入曠野。

第一個旅程帶我們到生命的極限。我平生只看過一次曠野，那就是敍利亞。無論你看哪裏，盡是沙粒、石頭、無盡的視野、死物，被熱風侵蝕，但在其中隱藏了生命。當我們回到鄉村和城市，有樹木、人類和房屋時，我們就會發現，我們人類世界只是在了無生氣的偌大宇宙裏那細小的島嶼。但這些島嶼有巨大的活力。在這些島嶼裏，清真寺反過來成為更小的島嶼：在炎炎白天下一些涼爽和明淨的地方。我愛這些清真寺。他們的嚴格、簡樸和缺乏圖像，使我想起自童年時代就熟悉的改革宗教會。我愛坐在清真寺的地上反省。我漸漸理解，在這裏敬拜上帝的人，經常以禱告跟促成人類生命——在曠野裏的生命、受曠野威脅的生命——的巨大力量結合。他們又散發著一種確定性，肯定創造主想要這一切：曠野與生命，而且最重要是在曠野裏——儘管在曠野——也有生命在其中。

現在在敍利亞，我不僅經歷到曠野，還平生首次經歷槍戰、小型政治動亂，它們大概不曾出現在任何新聞廣播裏。遜尼派（Sunnis）與什葉派（Shi'ites）互相攻打。這是不可思議的。當第一槍響起，人們就逃進家裏。街道瞬間杳無人煙。我們長時間感受到城市內的張力：軍隊與警察的嚴密控制。而我在清真寺內有新的默想主題：我們居住的這個微小世界，其危險來自內部多於外界，因為我們沒有能力共同生活；因為宗教狂熱，因為民族主義，因為無聲地拒絕那些與我們不同的人。

然後我聽到施洗約翰的聲音在我裏面，說：「不要妄想因為你是從智人（*homo sapiens*）生下來，就不會有任何事情發生，也不要妄想因為你的大腦袋，而可以凌駕其他受造物。或許你只是進化樹狀世系圖上一條已死去的枝子。或許這條枝子需要被剪去，因為它結壞果子，因為它走錯了路。斧子不是已放在樹根上嗎？為甚麼上帝不能用前生命的結構（pre-living structures）來重新開始創造？為何上帝不以石頭和死物發展新的生命形式？」

根據施洗約翰所呈現的圖畫，我不難想像我們與整個實在的關係。我們好像活在苛刻懲罰的威脅下：我們若發展違背實在的基本狀況的生命形式、我們若不及時回轉，無情的審判便會突襲我們。施洗約翰與其他天啟先見在很久以前的異象中看到這點，但他們也把盼望放進意象中：即可以避免失敗的盼望。

我們若在曠野的邊緣處，就是在生死之間的界線上這樣默想，並肯定生命就像在死氣沉沉的宇宙裏的島嶼，那麼我們就已作出了第一個基本的決定：為了人類文明實驗而作的決定，即是為了在宇宙的曠野裏——儘管在這個曠野裏——那有風險的生活。又若當我們看到人們在清真寺、會堂和教會內禱告，理解到這個基本決定是回應著生命的先存決定（pre-existing decision），那麼上帝就已經來到。那麼上帝對創造的旨意也抓住了我們。那麼我們已聽到了上帝的聲音。那麼上帝所期待我們的東西，比我們期待上帝的任何東西都更為重要。但這聲音有更加多話要說。

這時，我必須帶領思想和幻想力進到第二個曠野旅程。這次是到猶太的曠野，即施洗約翰工作的地方。他是一個不平凡的人，不平凡到一個地步，路加省略了馬可對他的奇異外表的描述。

他的衣著：駱駝毛和皮帶，在抗議那些在皇宮裏穿華美服飾的統治者。

他的食物：蝗蟲和野蜜，在抗議那些由統治者希律所設的宴會。（儘管我要在這裏補充，一些新約學者認為牛油烤蝗蟲是佳餚。）

他的住處：曠野，在約旦河谷的曠野似乎令人不舒服，但有約旦河及其支流流進。

我們都認識這種外形：有同情心的家伙，留著鬍子，身穿格子襯衣，穿耶穌所穿的涼鞋，吃有機食物。他們的裝束傳達著一個信息：「你們的生活方式是錯的。」他們帶著溫和的道德攻擊，對我們的生活方式提出質疑。

我們應該向施洗約翰學習，從這種主流以外的人身上聽上帝的呼召嗎？我們應該在那裏等候上帝，坐在社會的邊緣上與這些退出主流的人為伍嗎？但我們與那些逃避現實社會的人與煽動者，又有甚麼分別呢？當時已有這種人。在曠野裏有先知應許神蹟奇事，並使很多人受迷惑。有昆蘭羣體（Qumran community），像施洗約翰一樣引用同一段以賽亞書經文：「在曠野裏預備主的道」，他們從邪惡的世界中退出來，去等候末後日子的大爭戰，到那時所有黑暗之子會被他們和上帝所毀滅。

路加若有先知的恩賜，他會預見另一些迷惑人的人：結著領帶和彬彬有禮的人，他們在二十世紀末的攝影機前說出以下信息：

那些繁榮的人的聲音！
堵塞進入我們地方的道路，
讓其他人留在曠野。
壕溝要挖得深，屏障要築得高，
這樣就沒有人可以與你聯繫
在逃避迫害和威脅的時候。
告訴入境職員阻止他們進入
並告訴軍隊追捕他們，
因而整個人類可以看到
我們是一個怎樣的人道國家，
我們保證收容任何真正受迫害的人——
在鄰國裏受迫害的人。

路加若有先知遠見，知道這樣有問題的說話，他就會有多一個原因，在關鍵地方補充馬可對施洗約翰的描述。早在馬可福音裏，約翰已把以賽亞的說話用在自己身上。

在曠野有人聲喊著說：
預備主的道，
修直他的路！

路加更充分引用以賽亞的說話。他補充：

一切山窪都要填滿；
大小山岡都要削平！
彎彎曲曲的地方要改為正直；
高高低低的道路要改為平坦！
凡有血氣的，都要見上帝的救恩！

路加在這裏停止引文。因為這對於他來說是具有決定性的——這把先知與煽動者及其他誤導的聲音分別出來。真先知所談及的救恩是關乎整個世界的。救恩適用於「凡有血氣的」，即全部人類。救恩不只適用於先知自己的民族，而是適用於所有人。任何先知，只把救恩應許給自己的民族，以對抗別人，以及對抗不利於他們的人，就不是真先知。上帝的救恩適用於所有人，否則就不是上帝的救恩。

現在我們可以說：「上帝的救恩確是如此。我們樂意與所有人分享我們的宗教信仰，但不包括我們賴以為生的東西。路加所說的救恩是屬靈的救恩，與政治和社會平衡無關。」

我們甚至可以想像路加預見這種異議。路加的做法不像馬可，路加把對施洗約翰的描述置於一個政治框架內。他用五個統治者和兩個教會政客來説明施洗約翰所出現的年代。他逐一提及：

- 君王提庇留；
- 猶太巡撫本丟·彼拉多；
- 統治加利利的羅馬分封王希律；
- 當下統治約旦部分地區的腓力；
- 另一個分封王呂撒聶，他統治當下黎巴嫩的部分地區。

另外，有兩個大祭司亞那和該亞法。再清楚不過的，讀者或聽眾會在這裏留意到，現在要出現的角色，與政治有關。

與這點一致的是，除了馬可的記載之外，路加以施洗約翰的呼召作為結束，就是呼召人要以實質的悔改為結果：

- 第一，要與人分享。那些有兩件衣裳的人要把一件分出去。他們賴以為生的東西也一樣。
- 第二，那些同時收通行費和稅項的海關職員，不要受賄。
- 第三，兵丁（當時他們也是警察）不要掠奪和敲詐。

換言之，那些有財政和軍事力量的人，不要用這力量剝削弱勢人士。我們現在再次面對政治：現在不是指向最高層的人，而是在下層的海關職員和兵丁，就是那些實施君王提庇留、本丟．彼拉多、希律的統治的人。

此外，路加並不正面地描述這些統治者。他視希律為無賴。在這段經文之後，路加立即寫道：「希律又另外添了一件惡事，就是把約翰收在監裏。」〔編按：按原書直譯〕我們都知道故事的結局是怎樣。

因此我們要進入這位先知的曠野，等候上帝。據此，我明白我們要遠離我們的社會，遠離生活中我們很熟悉的散佈著的機會分配。只要我們活在社會裏，我們都視這一切為正常的。但我們若從外面看進去，從曠野的角度來看我們的社會，我們才會被那極大的機會差異所嚇倒，包括在我們國家內東西方之間的機會差異，甚至是已發展國家和世界其他地方之間的機會差異。沒有人可以有效地解決世界上這種不平等。但接受這種不平等為不可避免的，是悲觀的；讓饑餓不只在索馬里，而是在很多其他地方蔓延的，是悲觀的。

這裏有第二個基本決定正要求著我們作回應。第一個是作出一般來說有利於人類文化的決定。第二個決定是在其中作出的：作出有利於弱勢人士的決定。我們若認出，這個決定也是對一個更大旨意的回應，那麼上帝就來到我們中間；那麼祂對貧弱者的關心也抓著我們；那麼上帝所期待我們的東西，較任何我們期待上帝的東西都更為重要。然而祂的旨意要求我們更多。

我想帶你們的思想第三次進到曠野，或更準確的是，進到流經曠野的約旦河。這是施洗約翰呼召人悔改受洗的地方。他呼召所有人這樣做。他呼召每個個別的人。他呼召每個人改變。

但人可以改變嗎？施洗約翰在這裏用上一個大膽的隱喻，我們甚至認不出這是一個隱喻。他要求悔改的果子。他向他們所有人提出要求；他們就像樹木，若不結果子就會被砍下。但一棵樹怎能改變呢？一棵樹怎能結出更好的果子呢？聖經在別的地方對此抱更懷疑的態度。好樹結好果子，壞樹結壞果子。就是這樣。事情總是這樣。你見過樹木悔改嗎？樹木的行為可以改變嗎？施洗約翰挑戰這種懷疑論。上帝若能從石頭裏造出小孩子，祂也能從舊人裏造出新人。為此祂提供洗禮，這是一個根深蒂固的印記，表示我們是為了重生而出生；表示我們並未完結；表示我們可以和能夠改變。

約翰呼召我們進到曠野，重新開始我們的生命，我們在那裏丟下熟悉的角色，丟下一切我們堆積的東西：我們的能力、地位、牢固的期望及已確定的失望。他呼召我們離開屬於我們的東西。每個人都要為成長付代價。我最近翻閱我在十五至二十歲時寫下的各種深刻思想（三十年後閱讀這些筆記，使人對自身十分共鳴同感）。我在裏面看到使我感動的筆記：「要成為某個個性的人，大概是指一個人要從十個潛在個性中扔掉九個。沒有失去，人永不能成為某個個性的人。」我們都有廢舊的房間，載滿仍未發展的東西——那是在我們裏面小小的曠野。但我們若要在生命之中再次出發，我們就要進入這些房間。在那裏有我們對上帝的想法，是我們仍然要思考的。

或許我甚至不用説服你進入這個私人的曠野。或許你已經在裏面。

或許疾病已使你脱離正常的生活；

或許離婚導致了抑鬱；

或許不義的經歷傷害了你和擾亂了你；

或許你發覺你最好的計劃失敗了；

或許你輕視自己，因為你不再是你從前想要成為的人；

或許你已來到生命的盡頭，死亡使你問：「這樣就完了嗎？」

既然那樣，你不需要別人呼召你進入曠野，因為你已身在其中。

如果是那樣的話，聆聽施洗約翰的信息就是一個安慰，那是在生命的曠野裏聽到的聲音。在那裏，在曠野裏，要預備主的道。祂要到那裏。祂在那裏尋找你。即使你認為你生命的樹根已經枯萎，一切搖搖欲墜；你若感到斧子已放在樹根上，即使在那時，就是在那時，施洗約翰的信息是為你而設的：你可以從過去的擔子中得釋放，你可以成為新造的人。上帝時常預備好，要在你裏面尋找新人。上帝已預備好參與新生命。上帝已為你那走錯路的生命預備了一個好結局。

如果是那樣的話，你已作出了第三個基本決定。這個決定不只為宇宙曠野裏軟弱和有問題的文明而作，也不只為這個文明裏軟弱和有問題的東西而作，而是為你自己裏面軟弱和有問題的東西而作的。你若意識到你也參與實踐一個更大的旨意，那麼你不再是一條可憐蟲；你已被選上，去思想上帝在你生命裏那至終的想法。你被選上，去幫助上帝尋找那些失落的東西，包括在你裏面失落的東西。

將臨節是期待的時刻。在這個時刻裏我們被呼召進入曠野，再一次期待上帝。我們期待上帝會為我們的生命開路。但祂想我們為祂開路。我們若讓我們自己被這種期待完全抓住、被祂對人類生命的旨意抓住，目的是為了我們中間和我們裏面的軟弱，那麼我們就已經是與施洗約翰一起，預備上帝在這個世界的道。約翰是猶太人。他不是基督徒。穆斯林也可說出他做過的事情。因此我們應該與穆斯林和猶太人一起，為上帝在這個世界預備道路：與他們一起，與施洗約翰一起，不是與他們為敵。又假如這條路道帶我們走過拿撒勒，我們就要接待耶穌為我們的弟兄，這弟兄教導我們與其他弟兄姊妹一起生活在天父家中，包括也與穆斯林和猶太人一起生活：在本地，在波斯尼亞，在敍利亞，在以色列和全世界。

願上帝所賜出人意外的平安，必在基督耶穌裏，保守你們的心懷意念。阿們。

註：一篇於一九九二年十二月十三日在海德堡的聖彼德大教堂宣講的大學講章。

參考書目

Ahn, B.-M., "Jesus und das Minjung im Markusevangelium," in J. Moltmann (ed.), *Minjung. Theologie des Volkes Gottes in Südkorea*, Neukirchen-Vluyn 1984, 110～132.

__________ , "Das Subjekt der Geschichte im Markusevangelium," in J. Moltmann (ed.), *Minjung. Theologie des Volkes Gottes in Südkorea*, Neukirchen-Vluyn 1984, 137～169.

Aland, B., "Marcion/Marcioniten," *TRE* 22, 1992, 89～101.

Albert, H., *Traktat über kritische Vernunft*, Tübingen 1968, [4]1980.

Anderson, J. C. and Moore, S. D. (eds.), *Mark and Method. New Approaches in Biblical Studies*, Minneapolis 1992.

Barth, H., and Schramm, T., *Selbsterfahrung mit der Bibel. Ein Schlüssel zum Leben und Verstehen*, Munich and Göttingen 1977.

Barth, K., "Menschenwort und Gotteswort in der christlichen Predigt," *ZZ* 3, 1925, 119～140 = F. Wintzer (ed.), *Predigt*, 95～116.

___________, "Correspondence with Adolf von Harnack," in James M. Robinson (ed.), *The Beginnings of Dialectical Theology*, Richmond, Va. 1968, 165～190.

___________, *Church Dogmatics* IV. 3.2, Edinburgh 1965.

___________, *Homiletik. Wesen und Vorbereitung der Predigt*, Zurich 1966.

Benesch, H., "Und wenn ich wüsste, dass morgen die Welt unterginge...," *Zur Psychologie der Weltanschauungen*, Weinheim and Basel 1984.

Berg, H. K., *Ein Wort wie Feuer. Wege lebendiger Bibelauslegung*, Munich and Stuttgart 1991.

Berg, S., and Berg H. K., *Biblische Texte verfremdet* (12 vols.), Stuttgart and Munich 1986ff.

Berger, K., *Exegese des Neuen Testaments*, UTB 658, Stuttgart 1977, [2]1984.

___________, *Hermeneutik des Neuen Testaments*, Gütersloh 1988.

___________, *Historische Psychologie des Neuen Testaments*, SBS 146/7, Stuttgart 1991.

Beutel, A., Drehsen, V., and Müller, H. M. (eds.), *Homiletisches Lesebuch. Texte zur heutigen Predigtlehre*, Tübingen 1986.

Bohren, R., *Predigtlehre*, Munich 1971, [5]1986.

Broich, U., and Pfister, M. (eds.), *Intertextualität. Formen, Funktionen, anglistische Fallstudien*, Tübingen 1986.

Brox, N., *Falsche Verfasserangaben. Zur Erklärung der frühchristlichen Pseudepigraphie*, SBS 79, Stuttgart 1975.

Bucher, A., *Bibel-Psychologie. Pyschologische Zugänge zu den biblischen Texten*, Stuttgart, Berlin and Cologne 1992.

Bultmann, R., "New Testament and Mythology," (1941) in *New Testament and Mythology and Other Writings*, ed. Schubert M. Ogden, Philadelphia and London 1986, 1～44.

Burrhoe, R. W., *Toward a Scientific Theology*, Belfast, Dublin and Ottawa 1981.

Callan T., *Psychological Perspectives on the Life of Paul. An Application of the Methodology of Gerd Theissen*, Lewiston, Queenston and Lampeter 1990.

Cassirer, E., *Was ist der Mensch? Versuch einer Philosophie der menschlichen Kultur*, Stuttgart 1960.

Crüsemann, F., *Die Tora. Theologie und Sozialgeschichte des alttestamentlichen Gesetzes*, Munich 1992.

Dahm, K.-W., "Hören und Verstehen. Kommunikationssoziologische Überlegungen zur gegenwärtigen Predigtnot," in K.-W. Dahm, *Beruf: Pfarrer. Empirische Aspekte zur Funktion von Kirche und Religion in unserer Gesellschaft*, Munich 1971, 218～244 = A. Beutel et al. (ed.), *Homiletisches Lesebuch*, 242～252.

Daiber, K. F., *Predigt als religiöse Rede. Homiletische Überlegungen im Anschluss an eine empirische Untersuchung*, Predigen und Hören 3, Munich 1991.

Dannowski, H. W. *Kompendium der Predigtlehre*, Gütersloh 1985.

Das Buch Gottes. Elf Zugänge zur Bibel. Ein Votum des Theologischen Ausschusses der Arnoldshainer Konferenz, Neukirchen-Vluyn 1992.

Davidson, O., *The Narrative Jesus. A Semiotic Reading of Mark's Gospel*, Aarhus 1993.

Denecke, A., *Persönlich Predigen*, Gütersloh 1979.

Dibelius, M., *From Tradition to Gospel*, reissued Cambridge, 1971.

Dohmen, C., Jacob C., and Söding, T., *Neue Formen der Schriftauslegung*, QD 140, Freiburg, Basel and Vienna 1992.

Drewermann, E., *Tiefenpsychologie und Exegese*, I.2, Olten 1984/85.

Eckstein, H. J., *Erfreuliche Nachricht – traurige Hörer? Gedanken zu einem ganzheitlichen Glauben*, Neuhausen and Stuttgart 1986.

Egger, W., *Methodenlehre zum Neuen Testament. Einführung in linguistische und historisch-kritische Methoden*, Freiburg, Basel and Vienna 1987, [3]1993.

Engemann, W., *Semiotische Homiletik*, THLI 5, Tübingen and Basel 1993.

Fander, M., *Die Stellung der Frau im Markusevangelium. Unter besonderer Berücksichtigung kultur – und religionsgeschichtlicher Hintergründe*, MthA 8, Altenberge 1989.

Fischer, H., (ed.), *Sprachwissen für Theologen*, Hamburg 1974.

Fowler, R. M., "Reader-Response Criticism: Figuring Mark's Reader," in J. C. Anderson and S. D. Moore (eds.), *Mark and Method*, 50～83.

Fuchs, O., *Von Gott predigen*, Gütersloh 1984.

Gemünden, P. von, *Vegetationsmetaphorik im Neuen Testament und in seiner Umwelt. Eine Bildfelduntersuchung*, NTOA 18, Fribourg and Göttingen 1993.

__________, "Pflanzensymbolik," *TRE* (forthcoming).

Glebe-Moeller, J., *Politisk Dogmatik*, Aarhus 1982.

Graf, F. W., and Tanner, K., "Protestantische Staatsgesinnung. Zwischen Innerlichkeitsanarchie und Obrigkeitshörigkeit," *EvKom* 20, 1987, 699～704.

Grözinger, A., *Praktische Theologie und Ästhetik*, Munich 1987, [2]1991.

__________, *Die Sprache des Menschen. Ein Handbuch. Grundwissen für Theologinnen und Theologen*, Munich 1991.

Güttgemanns, E., *Offene Fragen zum Formgeschichte des Evangeliums*, BevTh 54, Munich 1970.

__________, " 'Generative Poetik' – Was ist das?" in H. Fischer (ed.), *Sprachwissen für Theologen*, Hamburg 1974, 97～113.

Hallie, P. P., *...Dass nicht unschuldig Blut vergossen werde. Die Geschichte des Dorfes Le Chambon und wie dort gutes geschah*, Neukirchen-Vluyn 1983, [3]1990.

Harnack, A. von, "Fifteen Questions to Those Among the Theologians Who Are contemptuous of the Scientific Theology," in James M. Robinson (ed.), *The Beginnings of Dialectical Theology*, Richmond, Va. 1986, 165～166.

Hefner, P., *The Human Factor. Evolution, Culture and Religion in Theological Perspective*, Minneapolis 1993.

Hessen, J., *Religionsphilosophie*, Vol.2, Munich and Basel [2]1955.

Hezser, C., *Lohnmetaphorik und Arbeitswelt in Mt 20, 1～16. Das Gleichnis von den Arbeitern im Weinberg im Rahmen rabbinischer Lohngleichnisse*, NTOA 15, Fribourg and Göttingen 1990.

Hirschler, H., *Biblisch predigen*, Hanover [2]1988.

Hochschild, R., *Sozialgeschichtliche Exegese. Zur Entwicklung, Geschichte und Methodik einer neutestamentlichen Forschungsrichtung*, Heidelberg theological dissertation, 1993 (forthcoming).

Hoffsümmer, W. M., *Kurzgeschichten. Kurzgeschichten für Gottesdientst, Schule und Gruppe* (4 vols.), Mainz 1981～1991.

Hollenweger, W. J., *Konflikt in Korinth/Memoiren eines alten Mannes. Zwei narrative Exegesen*, Munich 1978, [6]1990.

Hübner, K., *Kritik der wissenschaftlichen Vernunft*, Freiburg and Munich 1978, [3]1986.

Jaschke, H.-J., "Irenäus von Lyon," *TRE* 16, 1987, 258～268.

Jeanrond, W. G., *Text und Interpretation als Kategorien theologischen Denkens*, Tübingen 1986.

__________, *Theological Hermeneutics. Development and Significance*, New York 1991, reissued London 1994.

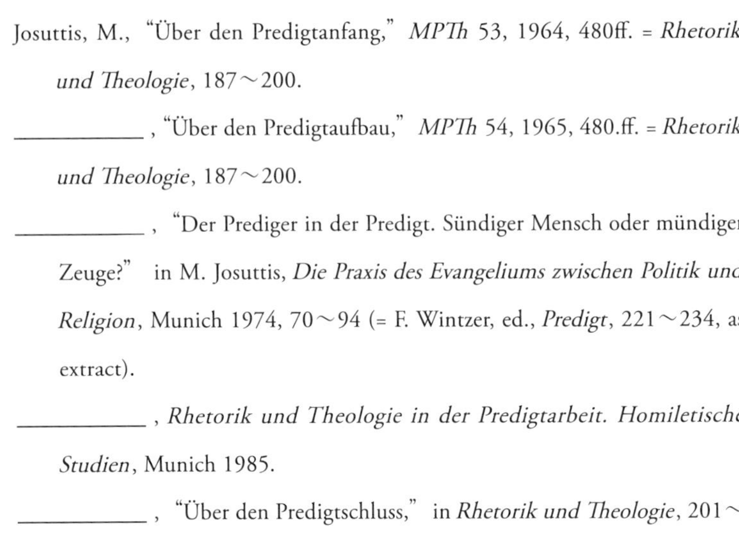

Josuttis, M., "Über den Predigtanfang," *MPTh* 53, 1964, 480ff. = *Rhetorik und Theologie*, 187～200.

———, "Über den Predigtaufbau," *MPTh* 54, 1965, 480.ff. = *Rhetorik und Theologie*, 187～200.

———, "Der Prediger in der Predigt. Sündiger Mensch oder mündiger Zeuge?" in M. Josuttis, *Die Praxis des Evangeliums zwischen Politik und Religion*, Munich 1974, 70～94 (= F. Wintzer, ed., *Predigt*, 221～234, as extract).

———, *Rhetorik und Theologie in der Predigtarbeit. Homiletische Studien*, Munich 1985.

———, "Über den Predigtschluss," in *Rhetorik und Theologie*, 201～215.

Jüttemann, G. (ed.), *Wegbereiter der Historischen Psychologie*, Munich and Weinheim 1988.

Keller, C. A., "Die Komplementarität von Leben und Tod im hinduistischen und im mesopotamischen Mythus," in G. Stephenson (ed.), *Leben und Tod in den Religionen. Symbol und Wirklichkeit*, Darmstadt 1985, 17～35.

Langer, W. (ed.), *Handbuch der Bibelarbeit*, Munich 1985.

Langer, S. K., *Philosophie auf neuem Wege. Das Symbol im Denken, im Ritus und in der Kunst*, Frankfurt 1965.

Lapide, P., *Er predigte in ihren Synagogen. Jüdische Evangelienauslegung*, Gütersloh ^{4}1984.

Leiner, M., *Grundfragen einer textpsychologischen Exegese des Neuen Testaments*, Heidelberg theological dissertation 1993 (forthcoming).

Lips, H. von, *Weisheitliche Traditionen im Neuen Testament*, WMANT 64, Neukirchen 1990.

———, "Christus als Sophia. Weisheitliche Traditionen in der

urchristlichen Christologie," in *Anfänge der Christologie, FS F. Hahn*, Göttingen 1991, 75～95.

Lübbe, H., "Religion nach der Aufklärung," (1978) in W. Oelmüller, R. Dölle, J. Ebach, H. Przybylski (ed.), *Diskurs: Religion*, UTB 895, Paderborn, Munich, Vienna and Zurich 1979, ²1982, 315～333.

___________, *Religion nach der Aufklärung*, Graz, Vienna and Cologne 1986.

Lüdemann, G., *Texte und Träume. Ein Gang durch das Markusevangelium in Auseinandersetzung mit Eugen Drewermann*, Bensheimer Hefte 71, Göttingen 1992.

Luz, U. (ed.), *Zankapfel Bibel. Eine Bibel – viele Zugänge*, Zurich 1992.

Luz, U., *Das Evangelium nach Matthäus*, EKK 1, 1, Zurich and Neukirchen 1985.

Mahlmann, T., "Kritischer Rationalismus," *TRE* 20, 1990, 97～121.

Martin, G. M., "Predigt als 'offenes Kunstwerk'? Zum Dialog zwischen Homiletik und Rezeptionsästhetik," *EvTh* 44, 1984, 46～58.

___________, "Bibliodrama," in W. Langer (ed.), *Handbuch der Bibelarbeit*, Munich 1987, 305～310.

McFague, S., *Metaphorical Theology. Models of God in Religious Language*, Philadelphia and London 1982.

___________, *Models of God. Theology for an Ecological, Nuclear Age*, Philadelphia and London 1987.

Meyer zu Uptrup, K., *Gestalthomiletik. Wie wir heute predigen können*, Stuttgart 1986.

Mieth, D., "Narrative Ethik," in D. Mieth, *Moral und Erfahrung*, Fribourg 1977, 60～90.

Mieth, I. and Mieth, D., "Vorbild oder Modell? Geschichten und Überlegungen zur narrativen Ethik," in G. Stachel and D. Mieth, *Ethisch handeln lernen*, Einsiedeln 1978, 106～116.

Möller, C., *Seelsorglich predigen. Die parakletische Dimension von Predigt, Seelsorge und Gemeinde*, Göttingen 1983.

Morgan, R. (with J. Barton), *Biblical Interpretation*, Oxford 1988.

Müller, C.-R., and Siemen, H.-L., *Waum sie sterben mussten. Leidensweg und Vernichtung von Behinderten aus den Neuendettelsauer Pflegeanstalten im 'Dritten Reich'*, Einzelarbeiten aus der Kirchengeschichte Bayerns 66, Neustadt an dem Aisch 1991.

Mussner, F., *Tractate on the Jews,* Philadelphia 1984.

Niebergall, F., "Eine 'unmenschliche Theorie'. Zu K. Fezer, Das Wort Gottes und die Predigt," *ChW* 42, 1928, 59～60 (= F. Wintzer, ed., *Predigt*, 122～124).

Noppen, J. P. van (ed.), *Erinnern, um Neues zu sagen. Die Bedeutung der Metapher für die religiöse Sprache*, Frankfurt 1988.

Osten-Sacken, P. von der, *Grundzüge einer Theologie im christlichjüdischen Gespräch*, Munich 1982.

Otto, G., *Grundlegung der Praktischen Theologie*, Munich 1986.

__________, *Handlungsfelder der Praktischen Theologie*, Munich 1988.

Pfister, M., "Konzepte der Intertextualität," in U. Broich and M. Pfister (ed.), *Intertextualität. Formen, Funktionen, anglistische Fallstudien*, Tübingen 1985, 1～30.

Piper, H. C., "Kommunikation und Kommunikationsstörungen in der Predigt," in F. Wintzer (ed.), *Predigt*, 235～244 (= H. C. Piper, *Predigtanalysen*, Göttingen 1976, 127～136).

Raguse, H., *Psychoanalyse und biblische Interpretation. Eine Auseinandersetzung mit Eugen Drewermanns Auslegung der Johannes-Apokalypse*, Stuttgart, Berlin and Cologne 1993.

Ramsey, I. T., *Religious Language. An Empirical Placing of Theological Phrases*, London 1975, reissued 1982.

Reich, H., "Kann Denken im Komplementarität die religiöse Entwicklung im Erwachsenalter fördern? Überlegungen am Beispiel der Lehrformel von Chalkedon und weiterer theologischer Paradoxe," in M. Böhnke, K. H. Reich, L. Rivez (eds.), *Erwachsen im Glauben*, Stuttgart, Berlin and Cologne 1992, 127～154.

Riches, J., *Jesus and the Transformation of Judaism*, London 1980.

Ricoeur, P., *Hermeneutik und Strukturalismus: Der Konflikt der Interpretationen* I, Munich 1973.

__________, *Hermeneutik und Psychoanalyse: Der Konflikt der Interpretationen* II, Munich 1984.

__________, *Die Interpretation: Ein Versuch über Freud*, Frankurt 1974.

__________, "Philosophische und theologische Hermeneutik," in P. Ricoeur and E. Jüngel, *Metapher*, Munich 1974, 24～45.

__________, *Die lebendige Metapher*, Munich 1986.

Riemann, F., "Die Persönlichkeit des Predigers in tiefenpsychologischer Sicht," in R. Riess (ed.), *Perspektiven der Pastoralpsychologie*, Göttingen 1974, 152～166.

Ritschl, D., "Die Erfahrung der Wahrheit. Die Steuerung von Denken und Handeln durch implizite Axiome," in D. Ritschl, *Konzepte, Ökumene, Medizin, Ethik, Gesammelte Aufsätze*, Munich 1986, 147～166.

Ritschl, D. and Jones, H. O., *'Story' als Rohmaterial der Theologie*, THE 192, Munich 1976.

Rössler, D., *Grundriss der Praktischen Theologie*, Berlin 1986.

Sauter, G., *Was heisst nach Sinn fragen?* Munich 1982.

Schaeffler, R., *Fähigkeit zur Erfahrung. Zur transzendentalen Hermeneutik des*

Sprechens von Gott, QD 94, Freiburg, Basel and Vienna 1982.

Scharfenberg, J., and Kämpfer, H., *Mit Symbolen leben*, Olten 1980.

Schottroff, L., "Gewaltverzicht und Feindesliebe in der urchristlichen Jesustradition. Mt 5, 38～48/Lk 6, 27～36," in *Jesus in Historie und Theologie. FS H. Conzelmann*, Tübingen 1975, 197～221 = *Befreiungserfahrungen*, 12～35.

__________, *Befreiungserfahrungen. Studien zur Sozialgeschichte des Neuen Testaments*, ThB 82, Munich 1990.

Schottroff, L., and Stegemann, W., *Jesus von Nazareth – Hoffnung der Armen*, Stuttgart 1978, [2]1981.

__________ (ed.), *Der Gott der kleinen Leute. Sozialgeschichtliche Auslegungen* (2 vols.), Munich and Gelnhausen 1979.

Schreuder, O., "The Silent Majority," *Concilium* 111, 1978, 11～19.

Schröer, H., "Umberto Eco als Predigthelfer? Fragen an Gerhard Marcel Martin," *EvTh* 44, 1984, 58～63.

Schulz von Thun, F., *Miteinander reden 1 – Störungen und Klärungen*, Reinbek bei Hamburg 1989.

__________, *Miteinander reden 2 – Stile, Werte und Persönlichkeitentwick–lung*, Reinbek bei Hamburg 1989.

Schüssler Fiorenza, E., *In Memory of Her. A Feminist Theological Reconstruction of Christian Origins*, Boston and London 1983.

Schweitzer, A., *The Quest of the Historical Jesus*, London [3]1950.

Spaemann, R., "Die Frage nach der Bedeutung des Wortes 'Gott'," in R. Spaemann, *Einsprüche. Christliche Reden*, Einsiedeln 1977, 1～35.

__________, "Über den Sinn des Leidens," in R. Spaemann, *Einsprüche. Christliche Reden*, Einsiedeln 1977, 116～133.

Sparn, W., *Leiden – Erfahrung und Denken. Materialen zum*

Theodizeeproblem, ThB 67, Munich 1980.

Spiegel, Y., *The Grief Process*, Nashville and London 1978.

Stock, A., *Umgang mit theologischen Texten. Methoden, Analysen, Vorsschläge*, Zurich, Einsiedeln and Cologne 1974.

Stolz, F., *Grundzüge der Religionswissenschaft*, KVR 1527, Göttingen 1988.

Struthers-Malbon, E., "Narrative Criticism: How Does the Story Mean?" in J. C. Anderson and S. D. Moore, *Mark and Method*, 23～49.

Sunden, H., *Gott erfahren. Das Rollenangebot der Religionen*, GTB 98, Gütersloh 1975.

Theissen, G., *The Miracle Stories of the Earliest Christian Tradition*, Edinburgh and Philadelphia 1983.

__________, "Synoptische Wundergeschichten im Lichte unseres Sprachvertändnisses. Hermeneutische und didaktische Überlegungen," *WPKG* 65, 1976, 289～308.

__________, *On Having a Critical Faith*, London and Philadelphia 1977.

__________, *Psychological Aspects of Pauline Theology*, Edinburgh and Philadelphia 1987.

__________, *Biblical Faith. An Evolutionary Approach*, London and Philadelphia 1984.

__________, "Evolutionäre Religionstheorie und biblische Hermeneutik," *WzM* 37, 1985, 107～118.

__________, *The Shadow of the Galilean*, London and Philadelphia 1987.

__________, "Aporien im Umgang mit den Antijudaismen des Neuen Testaments," in *Die Hebräische Bibel und ihre zweifache Nachgeschichte. FS R. Rendtorff*, Neukirchen 1990, 535～553.

__________, *The Open Door*, London and Minneapolis 1991.

__________, "L'herméneutique biblique et la recherche de la vérité

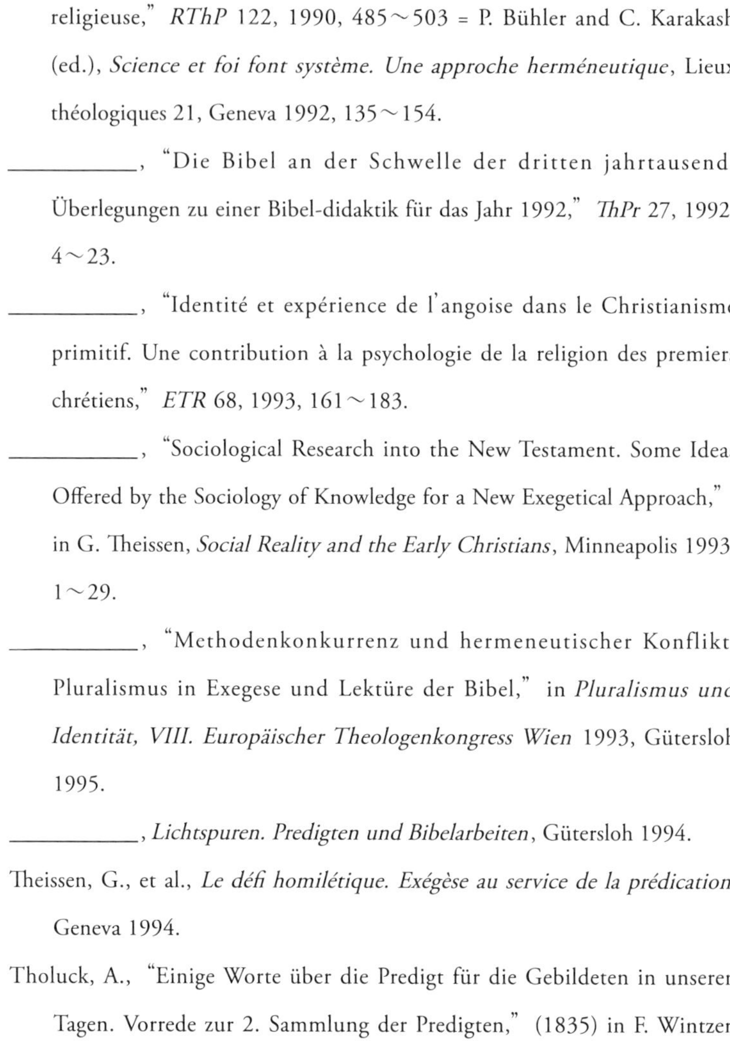

religieuse," *RThP* 122, 1990, 485～503 = P. Bühler and C. Karakash (ed.), *Science et foi font système. Une approche herméneutique*, Lieux théologiques 21, Geneva 1992, 135～154.

___________, "Die Bibel an der Schwelle der dritten jahrtausend. Überlegungen zu einer Bibel-didaktik für das Jahr 1992," *ThPr* 27, 1992, 4～23.

___________, "Identité et expérience de l'angoise dans le Christianisme primitif. Une contribution à la psychologie de la religion des premiers chrétiens," *ETR* 68, 1993, 161～183.

___________, "Sociological Research into the New Testament. Some Ideas Offered by the Sociology of Knowledge for a New Exegetical Approach," in G. Theissen, *Social Reality and the Early Christians*, Minneapolis 1993, 1～29.

___________, "Methodenkonkurrenz und hermeneutischer Konflikt. Pluralismus in Exegese und Lektüre der Bibel," in *Pluralismus und Identität, VIII. Europäischer Theologenkongress Wien* 1993, Gütersloh 1995.

___________, *Lichtspuren. Predigten und Bibelarbeiten*, Gütersloh 1994.

Theissen, G., et al., *Le défi homilétique. Exégèse au service de la prédication*, Geneva 1994.

Tholuck, A., "Einige Worte über die Predigt für die Gebildeten in unseren Tagen. Vorrede zur 2. Sammlung der Predigten," (1835) in F. Wintzer, ed., *Predigt*, 58～66.

Thurneysen, E., "Die Aufgabe der Predigt," (1921) in E. Thurneysen, *Das Wort Gottes und die Kirche*, ThB 44, Munich 1971, 95～106 (extract in F. Wintzer, ed., *Predigt*, 117～121).

Tillich, P., *Systematic Theology* I, Chicago 1951 reissued London 1978.

Trobisch, D., *Die Entstehung der Paulusbriefsammlung. Studien zu den Anfängen christliche Publizistik*, NTOA 10, Fribourg and Göttingen 1993.

Vogt, T., *Angst und Identität im Markusevangelium. Ein text-psychologischer und sozialgeschichtlicher Beitrag*, NTOA 26, Freiburg and Göttingen 1993.

Watson, F. (ed.), *The Open Text. New Directions for Biblical Studies?* London 1993.

Welker, M., *Gottes Geist. Theologie des Heiligen Geistes*, Neukirchen-Vluyn 1992.

Wengst, K., *Pax Romana and the Peace of Jesus Christ*, London 1987.

Wink, W., *Transforming Bible Study*, London and Nashville 1981.

Wintzer, F. (ed.), *Predigt. Texte zum Verständnis und zur Praxis der Predigt in der Neuzeit*, ThB 80, Munich 1989.

緊扣時代 服事教會

以文字傳揚基督真道

讀者意見表

衷心多謝你購買本社書籍。本社一直致力以出版事工服事教會，幫助信徒扎根於神的話語，促進靈命增長。為使我們的出版更能滿足你的需要，請填寫下列各項資料，並寄回或傳真予本社。

所購書籍：____________________

本書最吸引你的地方：

□作者　□適切性　□文筆　□設計　□實用性

□其他：____________________

購買本書地點：

□基道書樓　□基督教書店　□非基督教書店

性別：□男　□女　職業：____________

信仰：□基督徒　□非基督徒

年齡：□16歲或以下　□17～25歲　□26～35歲

□36～55歲　□56歲或以上

學歷：□中三或以下　□中五　□預科

□大學　□研究院

□我欲更多了解基道出版社的事工及考慮支持，請寄給我下列資料：

□機構簡介　□新書資料　□基道會員通訊

□《基道文字事工通訊》

姓名：________________ 電話：____________

地址：____________________________

傳真：____________ 電子郵件：____________

其他意見：________________________

多謝賜教！

意見表可以傳真（2687-0281）或直接郵寄以下地址：
香港沙田火炭坳背灣街26號富騰工業中心1011室
基道出版社編輯部收